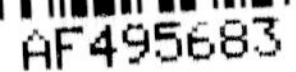

TRAITÉS

[illegible]ABLISSEMENT

CONCLUS ENTRE

LA CONFÉDÉRATION SUISSE

ET

DIVERS ÉTATS

[illegible]is et publiés par les soins du Département de Justice [illegible] la République et Canton de Genève

[illegible]

TRAITÉS

D'ÉTABLISSEMENT

CONCLUS ENTRE

LA CONFÉDÉRATION SUISSE

ET

LES DIVERS ÉTATS

Réunis et publiés par les soins du Département de Justice et Police de la République et Canton de Genève.

(Avril 1884.)

GENÈVE

IMPRIMERIE TAPONNIER ET STUDER, ROUTE DE CAROUGE

1884

ALLEMAGNE

TRAITÉ D'ÉTABLISSEMENT

du 27 avril 1876.

Ratifié par la Suisse le 29 juin 1876.
Ratifié par l'Empire d'Allemagne le 30 décembre 1876.

Article premier. — Les Allemands seront reçus et traités dans chaque Canton de la Confédération, relativement à leurs personnes et à leurs propriétés, sur le même pied et de la même manière que le sont ou pourront l'être à l'avenir les ressortissants des autres Cantons. Ils pourront, en conséquence, aller, venir, séjourner temporairement et s'établir d'une manière permanente en Suisse, en se conformant aux lois et règlements de police.

Tout genre d'industrie et de commerce permis aux ressortissants des divers cantons, le sera également aux Allemands, sans qu'on puisse en exiger aucune condition pécuniaire ou autre plus onéreuse.

Art. 2. — Pour prendre domicile ou former un établissement en Suisse, les Allemands devront être munis d'un acte d'origine et d'un certificat par lequel l'autorité compétente de la patrie du requérant atteste qu'il jouit de la plénitude de ses droits civiques et d'une réputation intacte.

Art. 3. — Les Suisses jouiront en Allemagne, en se conformant aux prescriptions de l'art. 2 du présent traité, des mêmes droits et avantages que l'article premier ci-dessus assure aux Allemands en Suisse.

Art. 4. — Les ressortissants de l'un des deux États établis dans l'autre demeurent soumis aux lois de leur patrie en ce qui concerne le service militaire et les prestations imposées par compensation pour le service personnel; ils ne peuvent, en conséquence, dans le pays où ils sont établis, être astreints ni à un service militaire quelconque, ni aux prestations imposées par compensation pour le service personnel.

Art. 5. — En cas de guerre ou d'expropriation pour cause d'utilité publique, les citoyens de l'un des deux Etats résidant ou établis dans l'autre seront assimilés aux citoyens du pays où ils résident, en ce qui concerne les indemnités pour les dommages qu'ils auront éprouvés.

Art. 6. — Tout avantage que l'une des parties contractantes aurait concédé ou pourrait encore concéder à l'avenir d'une manière quelconque à une autre puissance en ce qui concerne l'établissement et l'exercice des professions industrielles, sera applicable de la même manière et à la même époque à l'autre partie, sans qu'il soit nécessaire de faire une convention spéciale à cet effet.

Art. 7. — Les ressortissants de l'un des deux Etats contractants qui se trouvent sur le territoire de l'autre, qui y résident ou qui y sont établis, et qui seraient dans le cas d'être renvoyés par sentence du juge, ou parce qu'ils sont un danger pour la sûreté extérieure ou intérieure de l'Etat ou d'après les lois et règlements sur la police des mœurs et la mendicité, seront, à la demande de l'Etat contractant qui les renvoie, reçus en tout temps, eux et leurs familles, dans l'autre Etat.

Chaque partie s'engage, dans les mêmes éventualités, à recevoir, à la demande de l'autre partie, ceux de ses anciens ressortissants qui, tout en ayant perdu leur droit de citoyen d'après la législation du pays, ne sont pas devenus ressortissants de l'autre partie ou d'un autre Etat.

Toutefois, si l'origine n'est pas établie par un acte encore valable et non suspect, un renvoi par mesure de police, ne doit pas avoir lieu avant que la question de l'obligation de recevoir l'individu à renvoyer ait été résolue et que l'autre Etat ait expressément reconnu son obligation à cet égard.

Les frais de transport jusqu'aux frontières de la Suisse et de l'Allemagne seront à la charge de l'Etat qui a provoqué le renvoi.

Art. 8. — Les deux parties se réservent le droit d'interdire, à ceux de leurs ressortissants qui se sont fait naturaliser dans l'autre avant de s'être acquittés de leur service militaire, le séjour permanent ou l'établissement dans leur ancienne patrie.

Art. 9. — Les propriétaires ou cultivateurs suisses de biens-fonds situés dans l'empire d'Allemagne, et vice versâ, les propriétaires ou cultivateurs allemands de biens-fonds situés en Suisse, jouissent, pour l'exploitation de leurs biens, des mêmes avantages que les nationaux habitant la même localité, à la condition de se soumettre à toutes les ordonnances administratives et de police applicables aux ressortissants du pays.

Art. 10. — Chacune des deux parties contractantes s'engage à pourvoir à ce que sur son territoire les ressortissants de l'autre partie, qui doivent être secourus et soignés, soient traités à l'égal de ses propres ressortissants, jusqu'à ce que leur retour dans l'Etat d'origine puisse s'effectuer sans danger pour leur santé ou celle d'autres personnes. La bonification des frais résultant de l'application de ces dispositions ne peut être réclamée des caisses de l'Etat, des communes ou autres caisses publiques de l'Etat dont la personne secourue est ressortissante. Pour le cas où la personne secourue ou d'autres tiers obligés sont en état de rembourser les frais, le recours demeure réservé contre ces derniers.

Les Gouvernements contractants s'engagent aussi réciproquement à prêter, sur la proposition de l'autorité compétente, l'appui admissible aux termes de la législation du pays, afin que ceux qui ont supporté les frais soient remboursés dans une mesure équitable.

Art. 11. — Le présent traité entrera en vigueur le 1er janvier 1877 et sera valable jusqu'au 31 décembre 1886.

Dès son entrée en vigueur, les traités d'établissement conclus précédemment entre la Suisse et les divers Etats de l'Allemagne seront abrogés.

Dans le cas où, douze mois avant la fin de ladite période, aucune des deux parties contractantes n'aurait notifié son intention de faire cesser les effets du traité, il demeurera obligatoire jusqu'à l'expiration d'une année à partir du jour où l'une ou l'autre des parties contractantes l'aura dénoncé.

Le présent traité sera ratifié aussitôt que faire se pourra, et les ratifications en seront échangées à Berlin, au plus tard le 31 décembre de cette année.

PROTOCOLE ADDITIONNEL

au traité d'établissement entre la Confédération suisse et l'empire d'Allemagne, signé à Berne le 27 avril 1876.

(Du 27 avril 1876).

Pour écarter tout doute à l'égard de la portée de l'art. 8, du traité d'établissement conclu et signé à Berne, le 27 de ce mois, entre la Confédération suisse et l'empire d'Allemagne, les plénipotentiaires de ces deux Etats sont, avec l'autorisation de leurs Gouvernements, convenus, par le présent protocole, de la disposition suivante :

« Les deux Etats contractants s'engagent réciproquement à ne provoquer le renvoi d'une personne, prévu à l'art. 8, qu'après un examen préalable et minutieux des circonstances qui s'y rapportent ; ils ne le provoqueront pas s'il résulte de cet examen que le changement de nationalité a eu lieu *bona fide*, et que la personne dont il s'agit n'a pas voulu, par cela, se soustraire au service militaire. »

Le présent protocole aura la même force et valeur que s'il était inséré dans le traité mot à mot. Il sera ratifié par les deux parties contractantes, et les ratifications en seront échangées à Berlin, le même jour et simultanément avec celles du traité.

PROTOCOLE ADDITIONNEL

au traité d'établissement qui a été signé à Berne, le 27 avril 1876, entre la Confédération suisse et l'empire d'Allemagne.

(Du 21 décembre 1881).

Les Gouvernements de la Confédération suisse et de l'empire d'Allemagne s'étant fait part de leur désir réciproque de restreindre autant que possible l'action diplomatique dans les cas de renvois, par mesure de police, de ressortissants de l'un ou de l'autre des deux Etats, cas prévus par l'article 7, 3me alinéa, du traité d'établissement suisse-allemand du 27 avril 1876, et d'opérer ces renvois par la voie de négociations directes entre les autorités chargées du renvoi et de la réception des individus expulsés, les fondés de pouvoirs desdits Gouvernements, ont convenu dans ce but des mesures suivantes :

I. Les ressortissants de l'un des deux Etats contractants qui, aux termes de l'article 7, alinéa 1er, du traité susvisé, viendraient à se trouver dans le cas de devoir être renvoyés du territoire de l'autre Etat, seront, à la demande de l'Etat contractant qui les renvoie, reçus en tout temps, eux et leurs familles, par les autorités frontières de l'autre Etat désignées au n° VI du présent protocole additionnel, si toutefois leur nationalité actuelle ou antérieure et celle de leur famille sont établies par un acte d'origine non suspect émanant des autorités de leur patrie.

II. Dans tous les cas où la preuve de la nationalité actuelle ou antérieure ne peut être produite au moyen d'un acte d'origine non suspect, il faut au préalable faire constater et reconnaître par voie de correspondance, l'obligation de recevoir l'individu à renvoyer. Les négociations à ce sujet s'échangent, dans la règle, entre l'autorité qui ordonne le rapatriement et celle qui est compétente pour reconnaître la nationalité de la personne à recevoir. Il n'y a lieu à intervention diplomatique que lorsque des raisons particulières semblent devoir rendre impossible la correspondance directe, notamment lorsqu'il y a incertitude quant à l'autorité compétente du pays d'origine, ou que, sous le rapport de la langue, il y aurait difficulté de s'entendre réciproquement, ou bien enfin, lorsque, par la correspondance directe, la reconnaissance de l'obligation de recevoir la personne à renvoyer n'est pas obtenue et que l'Etat contractant qui soulève la question de rapatriement n'accepte pas le refus qui lui a été opposé.

L'engagement de recevoir la personne à renvoyer ne peut être décliné ou ajourné pour la raison qu'il existerait encore des doutes parmi les autorités du pays d'origine quant au domicile d'assistance ou à la commune dont cette personne est ressortissante.

III. Les deux Etats contractants se sont communiqué réciproquement des listes de celles des autorités qui, dans les Cantons suisses, d'une part, et dans les Etats confédérés allemands, d'autre part, sont appelés à rendre une décision sur la question de nationalité et à délivrer, vis-à-vis d'autorités étrangères, les reconnaissances y relatives[1].

Les autorités compétentes respectives s'efforceront de résoudre le plus promptement possible les questions de nationalité soulevées par les réquisitions officielles à elles adressées en vue d'obtenir des actes d'origine.

IV. Lorsque l'engagement de recevoir les personnes à renvoyer est intervenu (voir nº II), les autorités frontières désignées au nº VI du présent protocole et

1. Voir ci-après les annexes A et B.

dont le siège est situé sur la ligne conduisant le plus directement au lieu de destination de ces personnes, recevront ces dernières, moyennant la remise de l'original ou d'une copie authentique de l'acte établissant la nationalité ou l'engagement relatif à la réception, sans avoir égard à la question de savoir de quel Canton suisse ou de quel Etat confédéré allemand la personne renvoyée est ressortissante.

V. Dans tous les cas de renvois où il s'agit de personnes nécessiteuses, on donnera avis, en temps voulu, du prochain rapatriement, à l'autorité frontière chargée de la réception.

VI. Ces autorités frontières chargées de la réception des personnes expulsées sont réciproquement désignées comme suit :

A) Pour les ressortissants de l'empire d'Allemagne qui sont à renvoyer dans leur patrie :

1. La préfecture royale bavaroise (das königlich Bayerische Bezirksamt), à *Lindau;*
2. La direction de police royale wurtembergeoise du port (die königlich Württembergische Hafendirektion), à *Friedrichshafen;*
3. La préfecture grand-ducale badoise (das grossherzoglich Badische Bezirksamt), à *Constance, Waldshut, Säckingen, Lörrach, Engen* et *Stockach;*
4. Le commissariat de police impérial (das kaiserliche Polizeikommissariat), à *St-Louis* et à *Dannemarie* (*Dammerkirch*), en Alsace-Lorraine.

B) Pour les ressortissants suisses qui sont à renvoyer dans leur patrie :

1. La préfecture de et à *Porrentruy;*
2. Le département de police du canton de Bâle-Ville, à *Bâle;*
3. Les préfectures argoviennes de et à *Rheinfelden, Laufenbourg* et *Zurzach;*

4. La direction de police du canton de Schaffhouse, à *Schaffhouse;*

5. Les bureaux de police thurgoviens, à *Romanshorn* et à *Kreutzlingen;* et

6. Les préfectures st-galloises de *Rorschach* et de *Reineck,* cette dernière toutefois, seulement pour le cas où, depuis Lindau, le transport devrait s'effectuer par le chemin de fer.

LISTE

des autorités suisses compétentes pour délivrer des déclarations et reconnaissances relatives à la nationalité en Suisse.

Zurich. — La direction de justice et police du canton de Zurich, à Zurich.

Berne. — La direction de justice et police du canton de Berne, à Berne.

Lucerne. — Le département militaire et de police du canton de Lucerne, à Lucerne.

Uri. — La direction de police du canton d'Uri, à Altorf.

Schwyz. — Le Conseil exécutif du canton de Schwyz, à Schwyz.

Unterwalden-le-Haut. — Le bureau de police cantonal, à Sarnen.

Unterwalden-le-Bas. — Le Conseil exécutif du canton d'Unterwalden-le-Bas, à Stanz.

Glaris. — La commission de police du canton de Glaris, à Glaris.

Zoug. — La direction de police du canton de Zoug, à Zoug.

Fribourg. — La direction de la police centrale à Fribourg.

Soleure. — Le département de police du canton de Soleure, à Soleure.

Bâle-Ville. — Le département de police du canton de Bâle-Ville, à Bâle.

Bâle-Campagne. — La direction de police du canton de Bâle-Campagne, à Liestal.

Schaffhouse. — La direction de police du canton de Schaffhouse, à Schaffhouse.

Appenzell (Rh. ext.). — La direction de police du canton d'Appenzell (Rh. ext.), à Trogen.

Appenzell (Rh. int.). — La direction de police du canton d'Appenzell (Rh. int.), à Appenzell.

St-Gall. — Le département de police du canton de St-Gall, à St-Gall.

Grisons. — La direction de police du canton des Grisons, à Coire.

Argovie. — Le Conseil exécutif du canton d'Argovie, à Aarau.

Thurgovie. — Le département de police du canton de Thurgovie, à Frauenfeld.

Tessin. — La direction de police centrale du canton du Tessin, à Bellinzone.

Vaud. — Le département de justice et police du canton de Vaud, à Lausanne.

Valais. — Le département de justice et police du canton du Valais, à Sion.

Neuchâtel. — Le département de police du canton de Neuchâtel, à Neuchâtel.

Genève. — Le département de justice et police du canton de Genève, à Genève.

LISTE

des autorités, dans les Etats confédérés de l'empire d'Allemagne, compétentes pour reconnaître la nationalité et délivrer des actes d'origine.

1. Royaume de Prusse.

Province de la Prusse orientale : Le président de gouvernement (Regierungspräsident) royal, à Königsberg et à Gumbinnen[1].

Province de la Prusse occidentale: Le président de gouvernement (Regierungspräsident) royal, à Danzig et à Marienwerder.

Province de Brandebourg : Le président de gouvernement (Regierungspräsident) royal, à Potsdam et à Francfort-sur-l'Oder, ainsi que le président de police (Polizeipräsident) royal, à Berlin.

Province de Poméranie : Le président de gouvernement (Regierungspräsident) royal, à Stettin, Cöslin et Stralsund.

Province de Posen : Le gouvernement (Regierung) royal, à Posen et à Bromberg.

Province de Silésie : Le président de gouvernement (Regierungspräsident) royal, à Breslau, Liegnitz et Oppeln.

Province de Saxe : Le président de gouvernement (Regierungspräsident) royal, à Magdebourg, Mersbourg et Erfurt.

1. *Observation.* — Pour assurer la remise régulière par la poste, on fera bien d'ajouter à l'adresse la désignation *allemande* de l'autorité destinataire, ainsi que la donne, du reste, entre parenthèses, la présente annexe B.

Province du Schleswig-Holstein : Le gouvernement (Regierung) royal, à Schleswig.

Province du Hanovre : La préfecture (Landdrostei) royale, à Hanovre, Hildesheim, Lunebourg, Stade, Osnabruck et Aurich.

Province de Westphalie : Le gouvernement (Regierung), royal, à Münster, Minden et Arnsberg.

Province de Hesse-Nassau : Le gouvernement (Regierung) royal, à Cassel et à Wiesbaden.

Province Rhénane : Le gouvernement (Regierung) royal, à Coblence, Dusseldorf, Cologne, Trèves et Aix-la-Chapelle.

Principautés de Hohenzollern : Le président de gouvernement (Regierungspräsident) royal, à Sigmaringen.

2. Royaume de Bavière.

District de la Haute-Bavière : Le *magistrat* (Magistrat) *de la ville* de Freising, Munich, Rosenheim, Ingolstadt, Landsberg et Traunstein.

La *préfecture* (Bezirksamt), à Aichach, Ingolstadt, Schongau, Altötting, Landsberg, Schrobenhausen, Berchtesgaden, Laufen, Tœlz, Bruck, Miesbach, Traunstein, Dachau, Muhldorf, Wasserbourg, Ebersberg, Munich, à gauche de l'Isar, Weilheim, Erding, Munich, à droite de l'Isar, Werdenfels, Freising, Pfaffenhofen, Friedberg et Rosenheim.

District de la Basse-Bavière : Le *magistrat* (Magistrat) *de la ville* de Deggendorf, Landshut, Passau et Straubing.

La *préfecture* (Bezirksamt), à Bogen, Deggendorf, Dingolfing, Eggenfelden, Landshut, Straubing, Grafenau, Mallersdorf, Wiechtach, Griesbach, Passau, Vilsbibourg, Kelheim, Pfarrkirchen, Vilshofen, Kötzting, Regen, Wegscheid, Landau, Rottenbourg et Wolfstein.

District du Palatinat : La *préfecture* (Bezirksamt), à Bergzabern, Kaiserslautern, Neustadt s/Haardt, Frankenthal, Kirchheimbolanden, Pirmasens, Germersheim, Kusel, Speyer, Hombourg, Landau et Deux-Ponts.

District du Haut-Palatinat et de Ratisbonne : Le *magistrat* (Magistrat) *de la ville* d'Amberg et de Ratisbonne.

La *préfecture* (Bezirksamt), à Amberg, Nabbourg, Stadtamhof, Burglengenfeld, Neumarkt, Sulzbach, Cham, Neunbourg vor'm Wald, Tirschenreuth, Eschenbach, Neustadt an der Wald-Naab, Velbourg, Hemau, Ratisbonne, Vohenstrauss, Kemnath, Roding et Waldmünchen.

District de la Haute-Franconie : Le *magistrat* (Magistrat) *de la ville* de Bamberg, Bayreuth et Hof.

La *préfecture* (Bezirksamt), à Bamberg I, Hof, Pegnitz, Bamberg II, Kronach, Rehau, Bayreuth, Kulmbach, Stadsteinach, Berneck, Lichtenfels, Stapelstein, Ebermannstadt, Münchberg, Teuschnitz, Forschheim, Naila, Wunsiedel et Höchstadt s/Aisch.

District de la Franconie centrale : Le *magistrat* (Magistrat) *de la ville* d'Ansbach, Erlangen, Rothenbourg an der Tauber, Dinkelsbühl, Fürth, Schwabach, Eichstätt, Nuremberg et Weissembourg.

La *préfecture* (Bezirksamt), à Ansbach, Fürth, Rothenbourg an der Tauber, Beilngries, Gunzenhausen, Scheinfeld, Dinkelsbühl, Heilsbronn, Schwabach, Eichstätt, Herzbruck, Uffenheim, Erlangen, Neustadt s/Aisch, Weissembourg, Feuchtwangen et Nuremberg.

District de la Basse-Franconie et d'Aschaffenbourg : Le *magistrat* (Magistrat) *de la ville* d'Aschaffenbourg, Schweinfurt, Wurzbourg et Kitzingen.

La *préfecture* (Besirksamt), à Alzenau, Carlstadt, Miltenberg, Aschaffenbourg, Kissingen, Neustadt-sur-la-Saale, Brückenau, Kitzingen, Obernbourg, Ebern, Königshofen, Ochsenfurt, Gerolzhofen, Lohr, Schweinfurt, Hammelbourg, Marktheidenfeld, Wurzbourg, Hassfurt et Mellrischstadt.

District de la Souabe et de Neubourg: Le *magistrat* (Magistrat) *de la ville* d'Augsbourg, Kaufbeuren, Memmingen, Dillingen, Kempten, Neubourg-sur-le-Danube, Donauwörth, Lindau, Nördlingen, Günzbourg.

La *préfecture* (Bezirksamt), à Augsbourg, Kempten, Neu-Ulm, Dillingen, Krumbach, Nördlingen, Donauwörth, Lindau, Oberdorf, Füssen, Memmingen, Sonthofen, Günzbourg, Mindelheim, Wertingen, Illertissen, Neubourg-sur-le-Danube, Zusmarshausen, Kaufbeuren.

3. Royaume de Saxe.

Le capitaine d'arrondissement (Kreishauptmann) royal, à Dresde, Bautzen, Zwickau et Leipzig.

4. Royaume de Wurtemberg.

La sous-préfecture (Kreisregierung) royale :

a) de l'arrondissement (Kreis) du Necker, à Ludwigsbourg.

b) de l'arrondissement (Kreis) de la Forêt-Noire, à Reutlingen ;

c) de l'arrondissement (Kreis) de la Jagst, à Ellwangen ;

d) de l'arrondissement (Kreis) du Danube, à Ulm.

5. Grand-duché de Bade.

District de Constance: La préfecture (Bezirksamt) grand-ducale, à Constance, Engen, Messkirch, Pfullendorf, Stockach et Ueberlingen.

District de Villingen: La préfecture (Bezirksamt) grand-ducale, à Donaueschingen, Triberg et Villingen.

District de Waldshut : La préfecture (Bezirksamt) grand-ducale, à St-Blasien, Bonndorf, Säckingen et Waldshut.

District de Fribourg : La préfecture (Bezirksamt) grand ducale, à Breisach, Emmendingen, Ettenheim, Fribourg, Neustadt, Staufen et Waldkirch.

District de Lörrach : La préfecture (Bezirksamt) grand-ducale, à Lörrach, Mullheim, Schönau et Schopfheim.

District d'Offenbourg : La préfecture (Bezirksamt) grand-ducale, à Kord, Lahr, Oberkirch, Offenbourg et Wolfach.

District de Bade : La préfecture (Bezirksamt), grand-ducale, à Achern, Bade, Bühl et Rastadt.

District de Carlsruhe : La préfecture (Bezirksamt) grand-ducale, à Bretten, Bruchsal, Durlach, Ettlingen, Carlsruhe et Pforzheim.

District de Mannheim : La préfecture (Besirksamt) grand-ducale, à Mannheim, Schwetzingen et Weinheim.

District d'Heidelberg : La préfecture (Bezirksamt) grand ducale, à Eppingen, Heidelberg, Sinsheim et Wiesloch.

District de Mosbach : La préfecture (Bezirksamt) grand-ducale, à Adelsheim, Buchen, Eberbach, Mosbach, Tauberbischofsheim et Wertheim.

6. Grand-duché de Hesse.

Province de Starkembourg : La sous-préfecture (Kreisamt) grand-ducale, à Bensheim, Darmstadt, Diebourg, Erbach, Gross-Gerau, Heppenheim, Offenbach.

Province de la Haute-Hesse : La sous-préfecture (Kreisamt) grand-ducale, à Alsfeld, Büdingen, Friedberg, Giessen, Lauterbach et Schotten.

Province de la Hesse rhénane : La sous-préfecture (Kreisamt) grand-ducale, à Alzey, Bingen, Mayence, Oppenheim et Worms.

7. Grand-duché de Meklembourg-Schwerin.

Le ministère de l'intérieur (Ministerium des Innern) grand-ducal, à Schwerin.

8. Grand-duché de Saxe.

Le directeur (Direktor) grand-ducal du :

Ier district d'admin^tion^ (Verwaltungsbezirk), Weimar.
IIme » » » Apolda.
IIIme » » » Eisenach.
IVme » » » Dermbach.
Vme » » » Neustadt-s/l'Orla.

9. Grand-duché de Meklembourg-Strelitz.

Le gouvernement (Landesregierung) grand-ducal, à Neustrelitz.

10. Grand-duché d'Oldenbourg.

Pour le grand-duché d'Oldenbourg : Le ministère d'Etat grand-ducal, département de l'intérieur (Staatsministerium, Departement des Innern), à Oldenbourg.

Pour la principauté de Lubeck : Le gouvernement (Regierung) grand-ducal, à Eutin.

Pour la principauté de Birkenfeld : Le gouvernement (Regierung) grand-ducal, à Birkenfeld.

11. Duché de Brunswick.

La direction d'arrondissement (Kreisdirektion) ducale, à Blankenbourg a/H., Brunswick, Gandersheim, Helmstedt, Holzminden, Wolfenbüttel.

12. Duché de Saxe-Meiningen.

Le sous-préfet (Landrath) ducal, à Hildburghausen, Meiningen, Saalfeld et Sonneberg.

13. Duché de Saxe-Altenbourg.

La sous-préfecture (Landrathsamt) ducale, à Altenbourg, Roda et Schmölln, ainsi que le conseil municipal (Stadtrath), à Altenbourg, Eisenberg, Gössnitz, Kahla, Lucka, Meuselwitz, Orlamunda, Roda et Ronnebourg.

14. Duché de Saxe-Cobourg-Gotha.

Pour le duché de Saxe-Cobourg : La sous-préfecture (Landrathsamt) ducale, à Cobourg. Le *magistrat* (Magistrat) *de la ville* de Cobourg, Neustadt et Rodach. Le Conseil municipal (Stadtrath), à Kœnigsberg.

Pour le duché de Saxe-Gotha : La sous-préfecture (Landrathsamt) ducale, à Gotha, Ohrdruf et Waltershausen, ainsi que le Conseil municipal (Stadtrath), à Gotha, Ohrdurf et Waltershausen.

15. Duché d'Anhalt.

Le gouvernement ducal, section de l'intérieur (herzogliche Regierung, Abtheilung des Innern), à Dessau.

16. Principauté de Schwarzbourg-Sondershausen.

Le sous-préfet (Landrath) princier, à Arnstadt, Sondershausen et Gehren.

17. Principauté de Schwarzbourg-Rudolstadt.

La sous-préfecture (Landrathsamt) princière, à Frankenhausen, Königsee et Rudolstadt.

18. Principauté de Waldeck.

Le sous-préfet (Kreisamtmann) princier, pour :

l'arrondissement (Kreis) de la Twiste, à Arolsen ;
» » de l'Eisenberg, à Corbach ;
» » de l'Eder, à Wildungen ;
» » de Pyrmont, à Pyrmont.

19. Principauté de Reuss (branche aînée).

Le gouvernement (Landesregierung) princier, à Greiz.

20. Principauté de Reuss (branche cadette).

Le ministère princier, section de l'intérieur (Ministerium, Abtheilung des Innern), à Géra.

21. Principauté de Lippe-Schaumbourg.

Le gouvernement (Regierung) princier, à Bückebourg.

22. Principauté de Lippe.

Le gouvernement (Regierung) princier, à Detmold.

23. Ville libre et hanséatique de Lubeck.

La direction de police (Polizeiamt), à Lubeck.

24. Ville libre et hanséatique de Brême.

Pour la ville de Brême: La direction de police (Polizeidirektion) à Brême.

Pour le territoire suburbain: Le préfet (Landherr), à Brême.

Pour les villes de port de Bremerhaven et de Vegesack: La préfecture (Amt), à Bremerhaven et Vegesack.

25. Ville libre et hanséatique d'Hambourg.

Le sénat (Sénat), à Hambourg.

26. Alsace-Lorraine.

Le président de district (Bezirkspräsident) impérial:

de la Basse-Alsace, à Strasbourg.
» Haute-Alsace, à Colmar.
» Lorraine, à Metz.

CIRCULAIRE

du Conseil fédéral à tous les Etats confédérés, concernant le Protocole additionnel au traité d'établissement conclu, le 27 avril 1876, entre la Suisse et l'empire d'Allemagne.

(Du 13 juillet 1882).

Conformément à l'article 7 du traité d'établissement conclu entre la Suisse et l'empire d'Allemagne le 27 avril 1876 (R. off., nouv. série, II. 501), les ressortissants de l'un des deux Etats contractants qui se trouvent sur le territoire de l'autre peuvent, dans certaines éventualités, être expulsés et conduits dans leur pays d'origine ; toutefois, si l'origine n'est pas établie par un un acte encore valable et non suspect, un renvoi par mesure de police ne doit pas avoir lieu avant que la question de l'obligation de recevoir la personne à renvoyer ait été résolue et que l'autre Etat ait expressément reconnu son obligation à cet égard.

L'application de cette prescription suscita divers inconvénients que nous avons d'abord cherché à faire disparaître en procurant, par voie de correspondance diplomatique, une solution aux cas litigieux qui se présentaient. Mais la nécessité d'en arriver, au moyen d'un engagement réciproque, à régler ces rapports en principe et d'une manière générale, devenait de plus en plus urgente. C'est ainsi que dans ce but, et après de longues négociations entretenues de part et d'autre, les représentants respectifs ont convenu des mesures que prescrit un « protocole additionnel » au traité d'établissement dont il s'agit, et signé le dit protocole à Berlin, le 21 décembre 1881.

En vous communiquant ce protocole, dont nous vous remettons ci-inclus quelques exemplaires, nous vous invitons à bien vouloir le répandre le plus possible, et à en recommander à toutes les autorités de votre canton l'observation ponctuelle à l'instar de celle des prescriptions du traité d'établissement.

Bien que vous y trouverez résolues toutes les question des plus importantes qui faisaient naître l'incertitude et occasionnaient souvent des négociations de longue durée, nous ajoutons ci-après quelques éclaircissements à ce sujet.

Déjà par circulaire du 2 décembre 1879, nous vous informions que, de part et d'autre, on s'efforçait de restreindre autant que possible les négociations en vue d'obtenir de nouveaux actes d'origine. On en vint à convenir à cet effet que, dans la règle, la question de l'obligation de recevoir la personne à renvoyer serait traitée par voie de correspondance directe, et qu'il ne devait y avoir intervention diplomatique que dans l'un des cas prévus au chiffre II du protocole additionnel.

Mais, à part cela, on trouvera aussi le moyen d'activer la solution d'affaires de ce genre, en donnant des indications très exactes sur la famille des personnes qui font l'objet des négociations, sur le lieu et l'époque de leur naissance et sur leur séjour antérieur, ainsi qu'en accompagnant ces indications à l'adresse voulue des correspondances y relatives.

Sous le premier de ces rapports, il serait fort à désirer que les autorités locales reçussent des instructions précises sur la manière de dresser correctement les procès-verbaux, de se procurer tous moyens de preuves pouvant être utiles et les actes d'état civil en tant qu'ils peuvent être obtenus en Suisse.

Quant à la question de savoir à quelles autorités doivent être adressées les lettres dont la reconnaissance de la nationalité allemande d'une personne fait l'objet, on en trouve la liste officielle à la suite du protocole (annexe B de celui-ci). Les moyens de preuve ou informations qu'on aura dû recueillir au préalable, et dont nous venons de parler, fourniront, dans chaque cas spécial, matière à s'orienter aisément au sujet de ces autorités.

On peut cependant se demander, il est vrai, s'il faut adresser les lettres en question aux autorités des provinces ou cercles, etc., où les personnes dont il s'agit sont nées ou ont résidé en dernier lieu, ou bien où le domicile d'assistance de ces dernières est situé, où, enfin, où les derniers actes d'origine ont été délivrés.

Ayant proposé, à cet égard, qu'une disposition instructionnelle fût introduite dans le protocole additionnel, le ministère des affaires étrangères de l'empire d'Allemagne, se plaçant au point de vue qu'une procédure normale, pour de semblables cas spéciaux, ne peut guère être réglée, nous fit la réponse suivante par note du 5 octobre 1881.

« La question de savoir à quelle autorité allemande « les autorités suisses auront à s'adresser au besoin, « en vue de faire reconnaître la nationalité d'une per- « sonne devant être renvoyée de Suisse en Allemagne, « ne pourra se présenter, selon nous, que lorsqu'il « s'agira de personnes dont la nationalité allemande, « actuelle ou antérieure ne serait pas établie par un « acte d'origine non suspect, attendu qu'un acte sem- « blable, se trouvant en la possession de la personne « à recevoir justifie déjà de la part des autorités alle- « mandes l'obligation à cet égard, alors même que cet « acte n'établirait que la nationalité *antérieure* de la « personne qui le possède. Ainsi donc, dans les cas « concrets de cette espèce où la personne à recevoir « ne sera en possession d'aucun, ou seulement d'un « acte d'origine suspect, le choix, parmi les au- « torités qui ont été indiquées au gouvernement suisse « comme étant compétentes pour reconnaître la natio- « nalité allemande et délivrer des actes d'origine, de « celle spécialement compétente et à laquelle les au- « torités suisses auront, par conséquent, tout d'abord « à s'adresser, devra se diriger en conséquence du « fait ou de la circonstance dont la personne à expul- « ser de Suisse en Allemagne se prévaudra pour pré- « tendre avoir acquis dans les Etats confédérés alle-

« mands le droit de cité en conformité des dispositions de l'article 2, chiffres 1-5, de la loi du 1er juin « 1870, sur l'acquisition et la perte du droit de cité « dans la confédération de l'Allemagne du nord et « dans ses Etats (Feuille féd. suisse de 1870, III. 196). « Lorsque, sous ce rapport, les indications de la personne intéressée ou ses papiers de légitimation ne « fourniraient pas les renseignements suffisants, l'autorité suisse devra correspondre soit avec l'autorité « allemande compétente du district dont fait partie le « lieu du dernier séjour ou, au besoin, celui de naissance de la personne à renvoyer, soit éventuellement avec l'autorité qui a expédié pour celle-ci le « dernier passeport régulier. »

En outre, pour répondre à une autre proposition faite par nous, que la validité des actes d'origine des ressortissants allemands ne soit plus, dans l'intérêt même de ces derniers, limitée à une durée fixe, le ministère des affaires étrangères prénommé exprima, dans cette même note du 5 octobre 1881, sa manière de voir en ce sens que la validité des actes d'origine allemands, limitée à une certaine durée, ne pouvait occasionner aucun retard dans les réponses aux demandes de recevoir les personnes à renvoyer, « attendu qu'à teneur de l'article 7 du traité d'établissement, l'obligation réciproque de recevoir aussi les « *anciens* ressortissants tant et aussi longtemps qu'ils « ne sont pas devenus ressortissants de l'autre partie « contractante ou d'un autre Etat, existe, et qu'un « acte d'origine non suspect dont le terme de validité « serait écoulé est bien suffisant pour établir la nationalité antérieure et, par conséquent aussi, ainsi que « cela a déjà été dit, l'obligation de recevoir la personne qui le possède. »

C'est donc ainsi que doit être interprétée la réserve qui se trouve insérée à la suite du formulaire uniforme d'acte d'origine pour les ressortissants allemands, formulaire que le Conseil fédéral allemand a adopté le 20 janvier 1881 et que nous vous avons transmis en copie par circulaire du 16 février 1881 (F. féd. 1881, I, page 326 et suivantes).

La liste des autorités *allemandes* compétentes pour reconnaître la nationalité et délivrer des actes d'origine (annexe B susmentionnée) est précédée de la liste des autorités *suisses* ayant la même compétence (annexe A du protocole). Cette dernière liste a été établie conformément aux réponses faites par les gouvernements cantonaux à notre circulaire du 2 septembre 1879.

Nous relevons encore le fait qu'aux termes de la disposition du chiffre I *in fine* du protocole additionnel, c'est non seulement la nationalité actuelle ou antérieure des personnes à renvoyer qu'il faut établir, mais bien aussi, le cas échéant, celle de *leur famille*. Les mots de « leur famille » ont dû être adoptés en suite de la demande qu'en faisait le ministère des affaires étrangères de l'empire d'Allemagne, et qui motivait celle-ci en disant que « dans la Bavière-Rhénane est encore en « vigueur la disposition légale d'après laquelle tout « mariage conclu à l'étranger par un ressortissant « de cet Etat est déclaré nul s'il n'a été requis et « obtenu à cet effet le consentement exprès des au« torités du pays d'origine. On doit, par conséquent, « lorsqu'il s'agit de l'expulsion d'un ressortissant de « la Bavière-Rhénane et de sa famille, s'assurer au « préalable si, dans ce dernier pays, le mariage est « reconnu valable, car, s'il ne l'était pas, la femme et « les enfants ne seraient reçus qu'à la condition que « celle-ci pût établir, pour elle personnellement, sa « nationalité allemande par un acte d'origine non « suspect. S'il y avait des enfants issus d'un mariage « antérieur, il faudrait éventuellement produire des « papiers de légitimation à part. »

Sous date du 26 juillet 1880, le Conseil municipal de Schaffhouse nous a adressé un mémoire dont la demande, à laquelle quelques gouvernements cantonaux se sont associés, tendait à ce que nous nous prononcions sur la portée de l'article 10 du traité d'établissement entre la Suisse et l'Allemagne.

Cette question paraissait être essentiellement soulevée par les inconvénients que le protocole additionnel déjà cité est appelé à faire disparaître. Cet article

10, en prescrivant que chacune des deux parties contractantes est tenue de pourvoir à ce que, sur son territoire, les ressortissants de l'autre partie qui doivent être secourus et soignés le fussent gratuitement (sous réserve des dispositions des alinéas 2 et 3 dudit article), jusqu'à ce que leur retour dans l'Etat d'origine puisse s'effectuer sans danger pour leur santé ou celle d'autres personnes, ne contient absolument rien de nouveau et ne fait au contraire que préciser ce qui, sans cela, est un devoir imposé par l'humanité à chaque Etat. Ce même principe avait déjà été reconnu antérieurement dans des conventions spéciales conclues avec la Prusse, la Bavière, le grand-duché de Bade, le Wurtemberg (R. off., VII. 117 et 139; VIII. 395 et VI. 603). Il est aussi consacré par les traités d'établissement avec l'Autriche-Hongrie et l'Italie, et est sanctionné en France et en Belgique par les lois de ces pays, ainsi qu'en Suisse par la loi fédérale du 22 juin 1875. Il est dès lors bien facile à comprendre que des autorités allemandes aient refusé d'accorder des secours en Suisse, puisque la Suisse jouit de son côté du même droit. Si, dans certains cas isolés, des secours ont été ou sont encore accordés d'Allemagne en Suisse ou de Suisse en Allemagne, cela n'a lieu, sans aucun doute, que temporairement et dans le but de se soustraire à la charge plus lourde qui résulterait du rapatriement de la personne ainsi assistée.

Il va sans dire que l'assistance n'a pas besoin d'être illimitée. L'article 10 précité la précise, d'ailleurs, en ce qui concerne les malades (y compris les aliénés), lesquels doivent être, dit cet article, secourus et soignés jusqu'à ce que leur retour dans l'Etat d'origine puisse s'effectuer sans danger pour leur santé ou celle d'autres personnes. A l'égard des indigents en bonne santé, chacune des deux parties contractantes est autorisée, suivant nous, à faire application de l'art. 7 du traité d'établissement aux personnes que cela concerne, c'est-à-dire de les renvoyer dans leur pays d'origine si le besoin d'assistance devient *permanent*.

AUTRICHE-HONGRIE

TRAITÉ

concernant l'établissement, l'exemption du service et des impôts militaires, l'égalité des ressortissants des deux Etats en matière d'impôts, leur traitement gratuit réciproque en cas de maladie et d'accidents et la communication gratuite réciproque d'extraits officiels des registres des naissances, des mariages et des décès.

(Du 7 décembre 1875).

Ratifié par la Suisse le 26 janvier 1875.
» par l'Autriche-Hongrie le 7 avril 1876.

a. Etablissement des ressortissants de l'un des deux Etats sur le territoire de l'autre partie contractante.

ARTICLE PREMIER. — Les ressortissants de chacune des parties contractantes seront traités sur le même pied que les nationaux, lorsqu'ils s'établissent ou séjournent plus ou moins longtemps sur le territoire de l'autre Etat, pour tout ce qui concerne l'autorisation de séjour, l'exercice des industries et professions autorisées par les lois du pays, les impôts et contributions, en un mot toutes les conditions relatives au séjour et à l'établissement. Toutefois, ces dispositions ne sont pas applicables à l'exercice de la pharmacie et au colportage.

ART. 2. — En ce qui concerne l'acquisition, la possession et l'aliénation des immeubles et biens-fonds de tout genre, ainsi que la libre disposition de ces propriétés et le paiement des impôts, taxes et droits de mutation sur ces immeubles, les ressortissants de chacune des parties contractantes jouissent, sur le territoire de l'autre, des mêmes droits que les nationaux.

Art. 3. — Tout avantage que l'une des parties contractantes aurait accordé ou accorderait à l'avenir, d'une manière quelconque, à un autre Etat, en ce qui concerne l'établissement et l'exercice des professions industrielles, sera applicable de la même manière et à la même époque à l'autre partie contractante, sans qu'une convention spéciale soit nécessaire à cet effet.

Art. 4. — Les ressortissants de l'une des parties contractantes, qui habitent sur le territoire de l'autre et qui seraient dans le cas d'être renvoyés, par sentence judiciaire ou mesure de police légalement ordonnée et exécutée, ou d'après les règlements sur les mœurs et la mendicité, seront reçus en tout temps, eux et leurs familles, dans le pays d'où ils sont originaires.

b. Exemption du service et des impôts militaires en faveur des ressortissants de l'une des deux parties contractantes établis sur le territoire de l'autre.

Art. 5. — Les ressortissants de l'un des Etats contractants qui habitent sur le territoire de l'autre, ne sont pas soumis aux lois militaires du pays dans lequel ils séjournent; ils restent soumis à celles de leur pays d'origine.

Ils sont exempts, en particulier, de toute prestation en argent ou en nature, imposée par compensation pour le service militaire personnel, ainsi que de toutes réquisitions, excepté pour les logements militaires et les prestations qui grèvent la propriété.

Ils sont également affranchis de tout service dans la garde nationale, les milices, la landwehr (honved), le landsturm, ainsi que du service dans les gardes civiques locales.

c. Egalité de traitement, en matière d'impôt, pour les ressortissants de l'un des deux pays qui séjournent sur le territoire de l'autre partie contractante.

Art. 6. — En temps de paix comme en temps de guerre, il ne pourra en aucune circonstance être imposé ni exigé pour les biens d'un ressortissant de l'une des deux parties contractantes sur le territoire de l'autre, des taxes, droits, contributions ou charges autres ou plus forts qu'il n'en serait imposé ou exigé pour la même propriété si elle appartenait à un ressortissant du pays ou à un citoyen ou sujet de la nation la plus favorisée.

Il ne pourra également être perçu, ni exigé, d'un ressortissant de l'une des deux parties contractantes sur le territoire de l'autre, aucun impôt autre ou plus fort que ceux qui sont perçus ou exigés d'un ressortissant du pays ou d'un citoyen ou sujet de la nation la plus favorisée.

Ne sont pas compris dans les impôts ci-dessus les droits de douane, non plus que les droits d'ancrage et les droits maritimes.

d. Traitement gratuit réciproque des ressortissants pauvres de l'un des deux Etats sur le territoire de l'autre, en cas de maladie ou d'accident, et inhumation de ceux qui sont décédés.

Art. 7. — Les deux parties contractantes s'engagent réciproquement à secourir les ressortissants pauvres de l'autre Etat qui tombent malades ou sont victimes d'accidents sur leur territoire, y compris les personnes atteintes d'aliénation mentale, et à les faire soigner, comme leurs propres ressortissants, jusqu'au moment où leur rapatriement pourra être opéré sans danger pour eux ou pour des tiers.

Les frais qui sont faits en pareil cas ou ceux qui résultent de l'inhumation des indigents décédés ne sont réciproquement remboursés ni par l'Etat ou le pays, ni par les communes ou autres caisses publiques. Le recours devant les tribunaux civils contre la personne secourue ou les tiers obligés pour elle demeure seul réservé.

Les parties contractantes s'engagent aussi réciproquement à se prêter, sur la demande de l'autorité intéressée, l'appui que permet la législation du pays, en vue d'arriver au remboursement des frais dans une mesure équitable.

e. Communication gratuite et réciproque d'extraits officiels des registres des naissances, des mariages et des décès.

Art. 8. — Dans tous les cas de naissance, de mariage et de décès de ressortissants austro-hongrois en Suisse, et réciproquement de ressortissants suisses en Autriche-Hongrie, les fonctionnaires compétents, ecclésiastiques et laïques, doivent expédier sans retard et sans frais les extraits officiels des registres de paroisse (Kirchenbücher), soit des registres d'état civil, qui s'y rapportent, et les transmettre en Suisse à la Légation d'Autriche-Hongrie à Berne et en Autriche-Hongrie à la Légation suisse à Vienne.

Ces expéditions sont légalisées, conformément à la législation du pays dans lequel ils sont dressés.

Les certificats de naissances, de mariages et de décès dressés en Autriche-Hongrie et rédigés dans une autre langue que l'allemand ou le latin, doivent être accompagnés d'une traduction en latin, dûment légalisée par l'autorité compétente. En revanche, les actes de ce genre dressés en Suisse doivent être accompagnés d'une traduction en allemand ou en latin, s'ils concernent des ressortissants autrichiens et qu'ils soient rédigés dans une autre langue que l'allemand ou le latin, et d'une traduction en latin, s'ils concernent des ressortissants hongrois et qu'ils ne soient pas rédigés en latin. Ces traductions doivent également être dûment légalisées par l'autorité compétente.

Ni l'expédition ni l'acceptation des actes de naissance ne peuvent préjuger la question de la naturalité de l'intéressé.

Art. 9. — Le présent traité est conclu pour le terme de dix ans ; il entrera en vigueur après quatre semaines dès le jour de l'échange des ratifications. Si aucune des parties contractantes ne le dénonce six mois avant l'expiration du délai de dix ans, il continuera à subsister aussi longtemps qu'il n'aura pas été dénoncé. Cette dénonciation devra également se faire six mois à l'avance.

BELGIQUE

Le traité d'amitié, d'établissement et de commerce entre la Suisse et la Belgique, du 11 décembre 1862, ayant été dénoncé par le Conseil fédéral le 12 novembre 1878, a expiré le 18 novembre 1879.

Entre le Conseil fédéral et le Gouvernement du Royaume de Belgique il a été conclu un arrangement d'après lequel, à partir de l'expiration de ce traité, les deux Etats se traiteront réciproquement sur le pied de la nation la plus favorisée en ce qui concerne les matières réglées par ce traité.

Cet arrangement durera jusqu'à la conclusion d'un nouveau traité ou jusqu'à ce que l'une des deux parties le dénonce.

Voir avis de la Chancellerie fédérale, du 9 janvier 1880. (Rec. off. nouv. série IX, 373.)

BRÉSIL

CONVENTION CONSULAIRE

(Du 21 octobre 1878).

Ratifiée par le Brésil le 16 novembre 1878.
» par la Suisse le 21 mars 1879.

Article premier. — Chacune des Hautes Parties contractantes aura la faculté d'établir et de maintenir des Consuls généraux, des Consuls, des vice-Consuls et des Agents consulaires dans les ports, villes ou lieux du territoire de l'autre, où ils seraient jugés nécessaires pour le développement du commerce et pour la protection des droits et intérêts des citoyens respectifs. Elles se réservent réciproquement le droit d'excepter toute localité où l'établissement de tels fonctionnaires ne serait pas convenable.

Art. 2. — Les Consuls généraux, Consuls, vice-Consuls et Agents consulaires nommés par la Confédération suisse ou par le Brésil ne pourront entrer dans l'exercice de leurs fonctions qu'après avoir soumis leurs provisions à l'approbation nécessaire et obtenu l'exequatur selon la forme établie dans le pays où ils seront appelés à résider.

Les autorités administratives et judiciaires de l'arrondissement consulaire, pour lequel auront été nommés de tels agents, sur l'exhibition de l'exequatur, qui leur sera délivré sans frais, les reconnaîtront immédiatement dans l'exercice de leur charge, et les feront jouir des prérogatives et immunités que leur accorde l'art. 3 de la présente convention.

Les Agents qui, en cas d'empêchement, d'absence ou de décès des Consuls généraux, Consuls, vice-Consuls ou Agents consulaires, fonctionneraient *ad interim* avec la permission des autorités compétentes, jouiront de ces mêmes privilèges.

Chacune des Hautes Parties contractantes se réserve le droit de retirer l'exequatur aux susdits fonctionnaires lorsqu'elle le jugera convenable, mais elle fera connaître les motifs de cette détermination.

Art. 3. — Les Consuls généraux, Consuls, vice-Consuls et Agents consulaires jouiront des prérogatives et immunités généralement reconnues par le droit des gens, telles que l'exemption des logements militaires et de toutes les contributions directes, tant personnelles que mobilières et somptuaires imposées par l'Etat ou par les autorités provinciales ou municipales, à moins qu'ils ne possèdent des biens immeubles, ou qu'ils ne fassent le commerce, ou exercent une autre industrie quelconque, pour lesquels cas ils seront soumis aux mêmes charges et taxes que les nationaux pour ce qui concerne leurs immeubles, leur industrie ou leur commerce.

Ils jouiront en outre de l'immunité personnelle, excepté pour les faits et actes que la législation pénale en Suisse qualifie de crimes, et que la législation pénale au Brésil qualifie de crimes graves et «*inafiançaveis*», et, s'ils sont négociants, la contrainte par corps pourra leur être appliquée pour les faits de commerce.

Ils ne pourront être sommés de comparaître comme témoins devant les tribunaux. Quand la justice locale aura besoin de prendre auprès de ces fonctionnaires quelque déclaration ou information, elle devra la leur demander par écrit, ou se transporter à leur domicile pour la recueillir de vive voix.

Lorsqu'une des Hautes Parties contractantes choisira pour son agent consulaire dans le territoire de l'autre un sujet de celle-ci, cet agent continuera à être considéré comme citoyen de la nation à laquelle il appartient, et sera par conséquent soumis aux lois et règlements qui régissent les nationaux dans le lieu de sa résidence, sans que, cependant, cette obligation puisse en rien gêner l'exercice de ses fonctions.

Cette dernière disposition n'a aucun rapport avec les prérogatives personnelles mentionnées au § 3.

Art. 4. — En cas de décès d'un fonctionnaire consulaire qui n'aurait laissé aucun substitut désigné, l'autorité locale procèdera immédiatement à l'apposition des scellés sur les archives, en présence, si faire se peut, de quelque agent consulaire d'une nation notoirement amie, résidant dans l'arrondissement, et de deux personnes appartenant au pays dont les intérêts étaient confiés au défunt, ou, à leur défaut, de deux personnes des plus notables de l'endroit.

Un procès-verbal, en double, de cette opération, sera dressé, et l'un de ces exemplaires envoyé au Consul ayant sous sa dépendance l'agence consulaire vacante.

Au moment de la prise de possession des archives par le nouveau fonctionnaire, la levée des scellés aura lieu en présence de l'autorité locale, et des personnes qui, ayant assisté à l'apposition de ces mêmes scellés, se trouveraient sur place.

Art. 5. — Les archives consulaires seront inviolables; les autorités locales ne pourront dans aucun cas les visiter, ni les séquestrer (*embargal-os*). A cet effet, elles devront être complètement séparées des livres et des papiers concernant le commerce ou l'industrie que pourraient exercer les Consuls généraux, Consuls, vice-Consuls et Agents consulaires.

Art. 6. — Les Consuls généraux, Consuls, vice-Consuls et Agents consulaires pourront placer sur la façade extérieure de la maison consulaire l'écusson des armes de leur nation avec une inscription portant ces mots : « Consulat général, Consulat, vice-Consulat, ou Agence consulaire de... », et, aux jours de fête, selon les usages de chaque pays, ils pourront aussi y arborer un pavillon aux couleurs de leur nation. Cependant, ces marques extérieures ne serviront qu'à désigner l'habitation ou la présence du fonctionnaire consulaire, sans qu'elles puissent jamais constituer un droit d'asile.

Art. 7. — Les Consuls généraux, Consuls, vice-Consuls et Agents consulaires, ou ceux qui les remplacent, pourront s'adresser aux autorités de leur arrondissement, et, au besoin, à défaut d'agent diplomatique de leur nation, recourir au Gouvernement du pays dans lequel ils exercent leur fonction, pour réclamer contre toute infraction aux traités ou conventions existant entre les deux pays, ou contre les abus dont leurs nationaux auraient à se plaindre.

Art. 8. — Ces mêmes agents auront le droit de recevoir, dans leur Chancellerie et dans le domicile des parties intéressées, les déclarations et autres actes que les négociants ou citoyens de leur nation voudront y passer, y compris les testaments ou dispositions de dernière volonté, les actes de partage à l'amiable, quand tous les héritiers sont majeurs et présents, les compromis, les délibérations, les arbitrages, et autres actes, quels qu'ils soient, du ressort de la juridiction volontaire.

Quand ces actes auront rapport à des biens fonciers situés dans le pays, un notaire ou écrivain public compétent de la localité sera appelé à assister à la passation desdits actes (*assistir à sua celebraçâo*) et à les signer avec lesdits agents, sous peine de nullité.

Art. 9. — Les fonctionnaires ci-dessus mentionnés auront en outre le droit de passer dans leurs Chancelleries tous actes conventionnels entre leurs concitoyens, et entre ceux-ci et d'autres personnes du pays de leur résidence, aussi bien que tout acte du même genre concernant des sujets de ce dernier pays seulement, pourvu que ces actes aient rapport à des biens situés ou à des affaires à traiter sur le territoire de la nation à laquelle appartiendra l'agent consulaire devant lequel ils sont passés.

Les expéditions desdits actes dûment légalisées par les Consuls généraux, Consuls, vice-Consuls et

Agents consulaires, et munies de leur cachet officiel, feront foi devant tous les tribunaux, juges et autorités de la Suisse et du Brésil, au même titre que les originaux, et auront respectivement la même force et valeur que s'ils avaient été passés devant les notaires et autres officiers publics compétents du pays, pourvu que ces actes soient expédiés dans la forme voulue par les lois de l'Etat auquel le Consul appartient, et qu'ils aient été préalablement soumis au timbre, à l'enregistrement, insinuation, et à toutes autres formalités qui régissent la matière dans le pays où l'acte doit recevoir son exécution.

Art. 10. — En cas de décès d'un citoyen de l'une des Hautes Parties contractantes sur le territoire de l'autre, l'autorité locale compétente devra immédiatement en avertir le Consul général, Consul, vice-Consul ou Agent consulaire du district, et ceux-ci, devront, de leur côté, donner le même avis à l'autorité locale, s'ils en ont connaissance les premiers.

Art. 11. — Il appartient aux fonctionnaires consulaires de la nationalité du défunt de pratiquer tous les actes nécessaires pour le recouvrement (*arrecadação*), la garde, la conservation, l'administration et la liquidation de la succession, ainsi que pour la délivrance des biens aux héritiers ou leurs fondés de pouvoirs, dûment autorisés, dans chacun des cas suivants :

1° quand les héritiers sont inconnus ;

2° quand appartenant à la nationalité du défunt, ils sont mineurs, absents ou incapables ;

3° quand l'exécuteur testamentaire est absent, ou n'accepte pas la charge à laquelle il est appelé.

Art. 12. — L'inventaire, l'administration et la liquidation de la succession sont du ressort de la justice territoriale :

1° quand il y a un exécuteur nommé par testament, qui se trouve présent et accepte cette charge ;

2° quand il y a un conjoint survivant auquel il appartienne de rester en possession de la succession comme chef de famille (*cabeça de casal*) ;

3° quand il y a un héritier majeur et présent qui, d'après la loi du pays, doit présider à l'inventaire des biens ;

4° quand, avec les héritiers de la nationalité du défunt, concourent des héritiers mineurs, absents ou incapables appartenant à une autre nationalité.

Paragraphe unique. Cependant, n'importe dans lequel des cas ci-dessus, si l'un des cohéritiers est mineur, absent ou incapable, et qu'il appartienne incontestablement à la nationalité du défunt, le Consul général, Consul, vice-Consul ou Agent consulaire pourra demander à l'autorité locale compétente d'être nommé aux fonctions de tuteur ou curateur, et elle pourra lui accorder cette demande, si, pour la refuser, elle n'a pas des motifs légaux ou autres qui lui paraissent plausibles. Le partage des biens effectué, le fonctionnaire consulaire prendra possession (*arrecadarà*) de la quote-part de la succession revenant aux héritiers qu'il représente, et continuera à administrer les biens et à veiller sur les personnes des mineurs et incapables.

Il est entendu qu'après le partage et la délivrance des biens au fonctionnaire consulaire ou à son fondé de pouvoirs, l'intervention de l'autorité locale cessera, à moins qu'il ne s'agisse des effets mentionnés dans le numéro de l'art. 18.

Le père ou le tuteur nommé par testament exercera les fonctions de tuteur à l'égard des héritiers mineurs respectifs ; et, dans ce cas, le Consul général, Consul, vice-Consul ou Agent consulaire pourra être investi de la charge de curateur desdits mineurs. Si le père ou le tuteur vient à mourir ou à être destitué, on s'en tiendra à la disposition de la première partie de ce paragraphe.

Art. 13. — On appliquera aux héritiers mineurs, nés au Brésil de citoyens suisses, l'état civil de leur père jusqu'à leur majorité, conformément à la loi du dix septembre mil huit cent soixante, et pour les effets de ce qui se trouve stipulé dans la présente convention. Réciproquement, les Consuls brésiliens en

Suisse auront la faculté de prendre possession des successions de leurs nationaux, de les liquider et de les administrer dans des circonstances identiques.

Les fonctions de tuteur et de curateur ne sont pas comprises dans les effets dont il s'agit au présent article : ces fonctions ne peuvent être conférées ni réglées que par l'autorité locale et d'après les lois du pays.

Art. 14. — Les légataires universels sont assimilés aux héritiers.

Art. 15. — Lorsque tous les héritiers seront majeurs, ils pourront, par suite d'un accord mutuel, procéder à l'inventaire, à l'administration et à la liquidation de leur succession, soit par devant le juge territorial, soit par devant le fonctionnaire consulaire.

Art. 16. — Dans les cas où, selon l'art. 11, le fonctionnaire consulaire doit procéder seul au recouvrement, à l'inventaire, à la garde, à l'administration et à la liquidation d'une succession, il observera les dispositions suivantes :

1° S'il y a possibilité de dresser l'inventaire de tous les biens en un seul jour, il y procédera aussitôt après le décès, en plaçant les biens sous sa garde et en se chargeant de leur administration.

2° Lorsque l'inventaire ne pourra être fait en un seul jour, il apposera immédiatement les scellés sur les effets mobiliers et les papiers du défunt, procédant ensuite à l'inventaire de tous les biens, auxquels il doit donner la destination ci-dessus indiquée.

3° Les actes mentionnés dans les deux numéros précédents auront lieu en présence de l'autorité locale, lorsque celle-ci, prévenue par le fonctionnaire consulaire, jugera devoir y assister, ainsi que de deux témoins ayant qualité pour l'être.

4° Si, après le décès, et la disposition de l'art. 10 ayant d'ailleurs été observée, l'autorité locale, comparaissant dans la résidence du défunt, n'y rencontre pas le fonctionnaire consulaire, elle se limitera à y apposer ses scellés.

Le fonctionnaire consulaire et l'autorité locale étant présents, les scellés seront levés, et ledit fonctionnaire procédera à l'inventaire des biens en présence de la même autorité, si elle veut y assister.

Si l'autorité susmentionnée ne se trouve pas présente, le fonctionnaire consulaire lui adressera par écrit une invitation à comparaître dans un délai de trois jours au moins, et huit au plus, afin qu'il soit procédé à la levée des scellés et aux autres actes ci-dessus indiqués. Si l'autorité locale ne comparaît point, le fonctionnaire consulaire agira seul.

5° Si, pendant les démarches susmentionnées, on découvre un testament parmi les papiers du défunt, ou s'il en existe un où que ce soit, l'ouverture en sera faite avec les formalités légales par le juge territorial, qui, dans le délai de quatre jours, en enverra une copie authentique au fonctionnaire consulaire.

6° Dans le délai de quatre jours, le fonctionnaire consulaire expédiera à l'autorité locale une copie des procès-verbaux, tant de l'apposition et de la levée des scellés que de l'inventaire des biens.

7° Le fonctionnaire consulaire publiera le décès de la personne de la succession de laquelle il s'agit (*autor da herança*) dans le délai de quinze jours, à compter de celui où il en aura reçu la notification.

Art. 17. Les questions de validité de testament seront soumises aux juges territoriaux.

Art. 18. — Le fonctionnaire consulaire, après avoir procédé aux opérations mentionnées à l'art. 16, observera, quant à l'administration et à la liquidation de la succession, les règles suivantes :

1° Il acquittera en premier lieu les frais funéraires faits conformément à la position et fortune du défunt.

2° Il vendra immédiatement aux enchères publiques, dans les formes établies par les lois et usages, les biens qui pourraient se détériorer ou qui seraient d'une conservation difficile ou onéreuse.

Pour la vente des immeubles, le fonctionnaire consulaire demandera l'autorisation du juge territorial.

3° Il recouvrera, soit à l'amiable, soit par voie judiciaire, les dettes actives, rentes, dividendes d'actions, intérêts d'inscriptions de la dette publique (*apolices*) et tous autres revenus et sommes dues à la succession, et il en donnera quittance aux débiteurs.

4° Il acquittera, moyennant les sommes faisant partie de la succession ou le produit de la vente des biens, tant mobiliers qu'immobiliers, toutes les charges et dettes de la succession, et exécutera les legs auxquels celle-ci serait assujettie, conformément aux dispositions testamentaires.

5° Si, alléguant l'insuffisance des forces de la succession, le fonctionnaire consulaire se refuse au paiement de tout ou partie des créances dûment justifiées, les créanciers auront le droit, s'ils le jugent convenable à leurs intérêts, de requérir de l'autorité compétente de pouvoir ouvrir le concours entre créanciers.

Cette déclaration ayant été obtenue dans les termes indiqués et par les moyens prévus par la législation du pays en question, le fonctionnaire consulaire devra immédiatement faire parvenir à l'autorité judiciaire, ou aux syndics de la faillite, c'est-à-dire à qui de droit, tous les documents, effets ou valeurs appartenant à la succession testamentaire ou *ab intestat*, et ledit fonctionnaire restera chargé de représenter les héritiers absents, mineurs et incapables.

Art. 19. — La surveillance d'héritiers d'une nationalité autre que celle du défunt ne fera point cesser les actes de recouvrement et d'administration de la succession qui auraient lieu dans les cas dont il s'agit à l'art. 11, à moins que les héritiers ne se présentent eux-mêmes et ne justifient de leur qualité par un arrêté du tribunal, après que, dans le cours de la procédure respective, le fonctionnaire consulaire aura été entendu.

Art. 20. — Si le décès survenait dans une localité où il n'y eût pas de fonctionnaire consulaire, l'autorité locale en donnera immédiatement connaissance au Gouvernement, par l'entremise du président de la province brésilienne ou de l'autorité suisse compétente, en fournissant les éclaircissements qu'elle aurait obtenus sur les circonstances dans lesquelles le décès a eu lieu, et elle procédera à l'apposition des scellés, à l'inventaire des biens et aux actes subséquents de l'administration de la succession. Cette communication sera transmise, dans les mêmes termes et sans délai, par le président de la province ou par l'autorité compétente, au fonctionnaire consulaire, qui pourra comparaître sur les lieux, ou nommer sous sa responsabilité quelqu'un qui le représente, et ce fonctionnaire ou son représentant recevra la succession, et continuera la liquidation en cas qu'elle ne se trouve pas terminée.

Art. 21. — Si le défunt appartenait à une société commerciale quelconque, on procédera dans les formes prescrites par les lois commerciales du pays.

§ 1. Si, à l'époque du décès, les biens ou une partie des biens de quelque succession, dont la liquidation et l'administration sont réglées par cette convention, se trouvent frappés d'opposition (*embargados*), de saisie ou séquestre, le fonctionnaire consulaire ne pourra pas prendre possession desdits biens avant que l'opposition, la saisie ou le séquestre aient été levés.

§ 2. Si pendant la liquidation il survenait une opposition, une saisie ou un séquestre des biens de la succession, le fonctionnaire consulaire sera le dépositaire desdits biens frappés de saisie, d'opposition ou de séquestre.

Le fonctionnaire consulaire conserve toujours le droit d'être entendu et de veiller à l'accomplissement des formalités légales, pouvant dans tous les cas demander ce qu'il jugera convenable aux intérêts de la succession ; et, si l'on procède par forme exécutoire, soit devant le juge commercial, soit devant celui des séquestres, il recevra les quotes-parts liquides ou les reliquats revenant à la succession.

Art. 22. — La succession étant liquidée, le fonctionnaire consulaire dressera, d'après les documents respectifs, un tableau du montant à répartir, et l'enverra à l'autorité locale compétente, avec un rapport sur l'administration et la liquidation des biens qui lui ont été confiés.

§ 1. A la demande de l'autorité locale, ces deux documents pourront être collationnés avec les originaux, qui, dans ce but, seront tenus à sa disposition dans la chancellerie consulaire.

§ 2. L'autorité locale fera joindre le tableau et le rapport de l'agent consulaire aux copies authentiques des procès-verbaux d'apposition et de levée des scellés, ainsi que de l'inventaire des biens, et dresser le procès-verbal du partage en composant les lots et fixant les soultes (*ternas*), s'il y a lieu.

§ 3. En aucun cas, les Consuls ne seront juges des contestations concernant les droits des héritiers, les rapports à la succession, la réserve, la quotité disponible. Ces contestations seront soumises aux tribunaux compétents.

§ 4. Lorsque le jugement relatif au partage aura été rendu, l'autorité locale en enverra une expédition, avec les comptes respectifs, au fonctionnaire consulaire.

Art. 23. — En cas de décès d'un citoyen d'une des Hautes Parties contractantes sur le territoire de l'autre, sa succession, pour ce qui concerne l'ordre héréditaire et le partage entre héritiers, sera réglée d'après la loi du pays auquel il appartient, quelle que soit la nature des biens, sauf les dispositions spéciales de la loi locale qui ont trait aux immeubles.

Cependant, si quelque citoyen de l'une des Hautes Parties contractantes est héritier dans son pays, concurremment avec des héritiers étrangers, il aura le droit de demander que sa part soit de préférence réglée aux termes de la loi de sa patrie.

Art. 24. — Le fonctionnaire consulaire ne pourra délivrer une succession aux héritiers légitimes ou à leurs fondés de pouvoirs, qu'après acquittement de toutes les dettes que le défunt pourrait avoir contractées dans le pays, ou à l'expiration d'un délai d'un an à partir du jour du décès sans qu'aucune réclamation ait été présentée contre la succession.

Art. 25. — Avant toute distribution du produit de la succession aux héritiers, les droits du fisc du pays où la succession aura été ouverte devront être acquittés.

Ces droits seront les mêmes que ceux que paient ou viendraient à payer les nationaux dans des cas analogues.

Le fonctionnaire consulaire déclarera préalablement au fisc les noms des héritiers et leur degré de parenté, et, après l'acquittement des droits, cette administration fera le transfert de la propriété et de la possession des biens aux héritiers, suivant les termes de cette déclaration.

Art. 26. — Les frais que le fonctionnaire consulaire se trouvera dans la nécessité de payer dans l'intérêt de la succession, ou de la partie de celle-ci qui ne serait pas sous sa surveillance et son administration selon les dispositions de cette convention, seront reconnus par l'autorité locale compétente et acquittés comme frais de tutelle ou curatelle, avec les ressources de la même succession.

Art. 27. — Si la succession d'un citoyen de l'une des Hautes Parties contractantes, décédé dans le territoire de l'autre, vient à tomber en déshérence, c'est-à-dire, s'il n'y a ni conjoint survivant, ni héritier au degré successible, cette succession sera dévolue à l'Etat dans le territoire duquel le décès aura eu lieu.

Trois avis consécutifs seront publiés par les soins du juge territorial, de trois en trois mois, dans les journaux de la localité où la succession s'est ouverte, et dans ceux de la capitale du pays; ces avis devront contenir les noms et prénoms du défunt, le lieu et la date de sa naissance, s'ils sont connus, la profession qu'il exerçait, la date et le lieu de sa mort. Des avis semblables seront publiés, à la diligence du juge territorial, dans les journaux du lieu de naissance de la personne dont on liquide la succession, et dans ceux de la ville la plus proche.

Deux ans après le décès, s'il ne s'est présenté ni conjoint survivant, ni héritier, soit personnellement, soit par fondé de pouvoirs, le juge territorial prononcera en faveur de l'Etat, par un jugement qui sera notifié au fonctionnaire consulaire, l'envoi en possession des biens de la succession.

L'administration du domaine public entrera alors en possession desdits biens, sauf à rendre compte aux héritiers qui surviendraient dans les délais pendant lesquels le droit de réclamer une succession est admis en faveur des nationaux en cas identiques.

Art. 28. — Les Consuls généraux, Consuls, vice-Consuls et Agents consulaires pourront déléguer tout ou partie de leurs attributions, aux termes de la présente convention, et les agents ou délégués qu'ils auront nommés sous leur responsabilité pour les représenter agiront dans les limites des pouvoirs qui leur auront été conférés, mais ne jouiront d'aucun des priviléges accordés dans l'art. 3.

Art. 29. — Les autorités locales se limiteront à prêter aux fonctionnaires consulaires toute l'assistance nécessaire qu'ils leur demanderont pour la complète exécution des dispositions de la présente convention, et tout ce qui sera fait contrairement à ces dispositions sera nul.

Art. 30. — Les Consuls généraux, Consuls et leurs Chanceliers, les vice-Consuls et Agents consulaires *jouiront dans les deux pays, à titre de réciprocité*, de toutes autres attributions, prérogatives et immunités qui auraient déjà été accordées ou qui viendraient à être accordées dans la suite aux agents de même *rang de la nation la plus favorisée.*

Art. 31. — Cette convention sera soumise à l'approbation et à la ratification des autorités compétentes de chacune des Hautes Parties contractantes, et les ratifications en seront échangées à Berne dans un délai de six mois, ou plus tôt si faire se peut.

La présente convention restera en vigueur pendant cinq ans, à dater du jour de l'échange des ratifications. Elle continuera d'être obligatoire pendant une année si, douze mois avant l'expiration du dernier terme, aucune des Hautes Parties contractantes n'a déclaré à l'autre, par une notification officielle, qu'elle renonce à la convention, et ainsi de suite d'année en année, jusqu'à l'expiration des douze mois qui suivront une pareille déclaration, quelle que soit l'époque où elle aura été notifiée.

Article additionnel

Les Hautes Parties contractantes conviennent que les Consuls généraux, Consuls, vice-Consuls et Agents consulaires pourront servir d'interprètes devant les tribunaux, traduire et légaliser des documents quelconques provenant des autorités et fonctionnaires de leur pays, et que ces traductions auront la même force et valeur dans le lieu de leur résidence que si elles avaient été faites par des interprètes assermentés ou traducteurs publics.

Cet article aura la même force et valeur que s'il eût été inséré mot à mot dans la convention consulaire ci-dessus signée aujourd'hui entre le Brésil et la Confédération suisse.

DANEMARK

TRAITÉ

D'AMITIÉ, DE COMMERCE ET D'ÉTABLISSEMENT

(Du 10 février 1875).

Ratifié par la Suisse le 24 mars 1875.
» par le Danemark le 10 juin 1875.

ARTICLE PREMIER. — Les citoyens suisses qui s'établissent dans le royaume de Danemark ou qui y séjournent pendant un temps plus ou moins long, seront traités sur le même pied que les sujets danois, en tout ce qui concerne le choix de leur résidence, la faculté d'acquérir des propriétés par voie d'achat ou d'héritage, d'aliéner leurs biens meubles et immeubles, le libre accès devant les tribunaux, le paiement des droits et impôts, etc. Ils seront également traités sur le même pied dans les colonies, excepté au Groënland où, conformément aux règles existantes, aucun citoyen suisse ne pourra s'établir ni faire du commerce sans une autorisation spéciale du Gouvernement danois.

ART. 2. — De même, les sujets danois qui habitent le territoire de la Confédération seront, pour tous les droits dont il est question dans l'article précédent, assimilés aux citoyens suisses.

ART. 3. — Tout citoyen de l'un des deux Etats qui voudra s'établir dans l'autre, devra être porteur de certificats de nationalité en bonne et due forme, délivrés par l'autorité compétente.

ART. 4. — Les citoyens de l'un des deux Etats, résidant ou établis dans l'autre, qui voudront retourner dans leur pays ou qui y seront renvoyés en vertu d'une sentence judiciaire ou des règlements de police sur les mœurs et la mendicité, seront reçus en tout temps et en toute circonstance, avec leurs femmes et leurs enfants, dans le pays d'où ils sont originaires et où, conformément aux lois, ils ont conservé leurs droits.

Art. 5. — Aucune des Hautes Parties contractantes ne pourra, pour l'importation, l'exportation, l'emmagasinage et le transit des produits du sol ou de l'industrie de l'autre pays, exiger des droits autres ou plus élevés que ceux qui sont ou seront imposés sur des articles de la même espèce appartenant aux produits du sol ou de l'industrie de la nation la plus favorisée.

Art. 6. — Les marchandises de provenance danoise entreront librement sur le territoire de la Confédération suisse. De même, le territoire et les ports du Danemark et de ses colonies, excepté ceux du Groënland, seront ouverts à tous les produits suisses pourvu qu'ils y soient importés sur des navires suisses ou danois ou sous tout autre pavillon ayant libre accès dans les ports danois. Les marchandises suisses naviguant sous pavillon danois, ou sous celui d'une des nations les plus favorisées, acquitteront les mêmes droits que celles de cette dernière nation; sous tout autre pavillon, elles seront traitées comme les produits du pays auquel appartient le navire.

En cas de naufrage et de sauvetage sur les côtes danoises, les marchandises suisses seront considérées et traitées comme si elles appartenaient à des citoyens danois.

Art. 7. — Il est en outre convenu entre les deux Hautes Parties contractantes, que tout avantage en matière de commerce ou de douane, ou relatif aux points mentionnés dans l'article 1er, que l'une d'elle aurait accordé ou accorderait ultérieurement à une tierce puissance, sera, en même temps et de la même manière, étendu à l'autre.

Art. 8. — Les citoyens de chacune des Hautes Parties contractantes seront, sur le territoire de l'autre, affranchis (excepté dans les colonies danoises des *Indes occidentales*) de toute espèce de service militaire, soit dans l'armée, la marine, la garde nationale ou la milice. Ils seront également exempts de toutes impositions en argent ou en nature établies en remplacement du service militaire. Toutefois, pour ce qui concerne le logement des troupes et les autres prestations en nature pour l'armée, ils seront assimilés aux habitants du pays.

Art. 9. — Les parties contractantes s'accordent mutuellement le droit d'établir dans les principales villes et places de commerce de leurs Etats respectifs, des Consuls ou vice-Consuls qui jouiront, dans l'exercice de leurs fonctions, des mêmes immunités et privilèges que ceux des nations les plus favorisées. Mais avant qu'un Consul ou vice-Consul puisse agir en cette qualité, il devra être reconnu, dans les formes usitées, par le Gouvernement auprès duquel il est accrédité. Pour ce qui regarde leurs affaires privées et commerciales, les Consuls et vice-Consuls seront soumis aux mêmes lois et aux mêmes usages que les simples particuliers qui sont citoyens du pays où ils résident. Il est, en outre, entendu que, si un Consul ou vice-Consul se rend coupable d'une infraction aux lois, le Gouvernement auprès duquel il est accrédité, ou le Gouverneur, s'il habite les colonies, pourra, suivant les circonstances, lui retirer l'exéquatur, le faire sortir du pays ou le punir conformément à la loi, en faisant toutefois connaître à l'autre Gouvernement les motifs de sa démarche.

Les archives et les papiers des Consulats seront regardés comme inviolables. Aucun magistrat ni autre fonctionnaire ne pourra, sous quelque prétexte que ce soit, y faire une perquisition, les saisir ou s'y immiscer d'une manière quelconque.

Art. 10. — Le présent traité restera en vigueur pendant dix années à compter du jour de l'échange des ratifications et continuera à être en vigueur aussi longtemps que l'une des Puissances n'aura pas notifié à l'autre, douze mois à l'avance, son intention d'en faire cesser l'effet.

Article additionnel

(Du 22 mai 1875).

Afin d'écarter tout doute sur la portée des articles 1 et 2 du Traité d'amitié, de commerce et d'établissement entre la Confédération suisse et Sa Majesté le Roi du Danemark, conclu et signé à Paris, le 10 février dernier, les plénipotentiaires des deux puissances, en vertu des autorisations de leurs Gouvernements, sont convenus, par le présent article additionnel :

Que l'assimilation complète assurée par lesdits articles aux citoyens Suisses en Danemark et aux sujets danois en Suisse, pour tout ce qui concerne l'exercice des droits civils, s'étend également au libre exercice de toute profession autorisée.

Le présent article additionnel aura la même force et valeur que s'il était textuellement inséré dans le traité signé le 10 février dernier.

Il sera ratifié par les deux parties contractantes et les ratifications en seront échangées à Paris, le même jour et en même temps que celles du traité principal.

ESPAGNE

CONVENTION D'ÉTABLISSEMENT

(Du 14 novembre 1879).

Ratifiée par la Suisse le 18 décembre 1879.
» par l'Espagne le 5 avril 1880.

Article premier. — Les Espagnols seront reçus et traités dans chaque canton de la Confédération, relativement à leurs personnes et à leurs propriétés, sur le même pied et de la même manière que le sont ou pourront l'être à l'avenir les Suisses, en tant que la présente convention ne contient pas expressément d'autres dispositions. Ils pourront en conséquence, aller, venir, séjourner temporairement en Suisse, pourvu qu'ils soient munis de passeports réguliers et qu'ils se conforment aux lois du pays et aux règlements de police.

Tout genre d'industrie permis ou qui serait permis plus tard aux citoyens ou sujets d'une autre puissance plus favorisée, le sera également aux Espagnols et sans qu'on puisse exiger d'eux aucune condition pécuniaire plus onéreuse qui ne soit également payée par les Suisses.

Sont exceptées les professions scientifiques pour l'exercice desquelles des titres académiques ou des diplômes délivrés par l'Etat sont exigés.

Art. 2. — Les Suisses seront reçus et traités dans tout le royaume d'Espagne, relativement à leurs personnes et à leurs propriétés, sur le même pied et de la même manière que le sont ou pourront l'être à l'avenir les sujets espagnols, en tant que la présente convention ne contient pas expressément d'autres dispositions. Ils pourront, en conséquence, aller, venir, séjourner temporairement en Espagne, pourvu qu'ils soient munis de passeports réguliers et qu'ils se conforment aux lois du pays et aux règlements de police.

Tout genre d'industrie permis ou qui serait permis plus tard aux citoyens ou sujets d'une autre puissance plus favorisée, le sera également aux Suisses et sans qu'on puisse exiger d'eux aucune condition pécuniaire plus onéreuse qui ne soit également payée par les Espagnols.

Sont exceptées les professions scientifiques pour l'exercice desquelles des titres académiques ou des diplômes délivrés par l'Etat sont exigés.

Art. 3. — Pour prendre domicile en Suisse ou pour y ouvrir un établissement industriel, les sujets espagnols devront être munis d'un certificat d'immatriculation qui leur sera délivré par le représentant de Sa Majesté ou par les Consuls d'Espagne en Suisse, certificat qui ne leur sera délivré qu'après avoir justifié de leur bonne conduite et de leurs bonnes mœurs par des documents faisant foi.

Les mêmes règles seront observées par les Suisses qui désirent s'établir en Espagne ou y ouvrir des établissements industriels.

Art. 4. — Les citoyens et les sujets de l'un des deux Etats établis dans l'autre et qui seraient dans le cas d'être expulsés par sentence légale ou d'après les lois et règlements sur la police des mœurs et la mendicité, seront reçus, en tout temps, eux et leurs familles, dans le pays dont ils sont originaires et où ils auront conservé leurs droits conformément aux lois.

Art. 5. — Les citoyens ou les sujets de l'un des deux Etats établis dans l'autre demeurent soumis aux lois de leur patrie en ce qui concerne le service militaire et les prestations imposées par compensation pour le service personnel ; ils ne peuvent, en conséquence, dans le pays où ils sont établis, être astreints ni à un service militaire quelconque, ni aux prestations imposées par compensation pour le service personnel.

Art. 6. — Tout avantage que l'une des Parties signataires de cette convention aurait concédé ou pourrait encore concéder à l'avenir d'une manière quelconque à une tierce puissance en ce qui concerne l'établissement et l'exercice des industries, sera applicable de la même manière et à la même époque aux sujets et citoyens de l'autre partie, sans qu'une nouvelle déclaration soit nécessaire.

Art. 7. — La présente convention entrera en vigueur dès qu'elle aura été ratifiée par les deux parties, et elle sera obligatoire pour une durée de dix années et continuera à l'être jusqu'à ce qu'une des Hautes Parties contractantes ait officiellement manifesté à l'autre, un an à l'avance, son intention d'en faire cesser les effets.

FRANCE

TRAITÉ

sur l'établissement des Français en Suisse et des Suisses en France.

(Du 23 février 1882).

Ratifié par la Suisse le 2 mai 1882.
» par la France le 11 mai 1882.

Article premier. — Les Français seront reçus et traités dans chaque canton de la Confédération, relativement à leurs personnes et à leurs propriétés, sur le même pied et de la même manière que le sont ou pourront l'être à l'avenir les ressortissants des autres cantons. Ils pourront, en conséquence, aller, venir et séjourner temporairement en Suisse, en se conformant aux lois et règlements de police. Tout genre d'industrie et de commerce permis aux ressortissants des divers cantons le sera également aux Français, et sans qu'on puisse en exiger aucune condition pécuniaire ou autre plus onéreuse.

Art. 2. — Pour prendre domicile ou former un établissement en Suisse, les Français devront être munis d'un acte d'immatriculation constatant leur nationalité, qui leur sera délivré par l'Ambassade de la République française ou par les Consulats et vice-Consulats de France institués en Suisse.

Art. 3. — Les Suisses jouiront, en France, des mêmes droits et avantages que l'article premier ci-dessus assure aux Français en Suisse.

Art. 4. — Les ressortissants de l'un des deux Etats établis dans l'autre ne seront pas atteints par les lois militaires du pays qu'ils habiteront, mais resteront soumis à celles de leur patrie.

Ils seront également exempts de tout service, soit dans la garde nationale, soit dans les milices municipales.

Art. 5. — Les ressortissants de l'un des deux Etats établis dans l'autre et qui seraient dans le cas d'être renvoyés par sentence légale ou d'après les lois ou règlements sur la police des mœurs et sur la mendicité, seront reçus en tout temps, eux et leurs familles, dans le pays dont ils sont originaires et où ils auront conservé leurs droits.

Art. 6. — Tout avantage que l'une des parties contractantes aurait concédé ou pourrait encore concéder à l'avenir, d'une manière quelconque, à une autre puissance, en ce qui concerne l'établissement des citoyens et l'exercice des professions industrielles, sera applicable, de la même manière et à la même époque, à l'autre partie, sans qu'il soit nécessaire de faire une convention spéciale à cet effet.

Art. 7. — Les dispositions du présent traité sont applicables à l'Algérie.

En ce qui concerne les autres possessions françaises d'outre-mer, ces mêmes dispositions y seront également applicables, sous les réserves que comporte le régime spécial auquel ces possessions sont soumises.

Art. 8. — Le présent traité entrera en vigueur le 16 mai 1882 et restera exécutoire jusqu'au 1er février 1892.

Dans le cas où aucune des deux Hautes Parties contractantes n'aurait notifié, douze mois avant la fin de ladite période, son intention d'en faire cesser les effets, il demeurera obligatoire jusqu'à l'expiration d'une année à partir du jour où l'une ou l'autre des Hautes Parties contractantes l'aura dénoncé.

GRANDE-BRETAGNE

TRAITÉ

D'AMITIÉ, DE COMMERCE ET D'ÉTABLISSEMENT RÉCIPROQUE

(Du 6 septembre 1855).

Ratifié au nom de la Suisse et de la Grande-Bretagne, le 8 février 1856.

ARTICLE PREMIER. — Les citoyens suisses seront admis à résider dans tous les territoires du royaume uni de la Grande-Bretagne et d'Irlande aux mêmes conditions et sur le même pied que les sujets britanniques; de même les sujets de Sa Majesté britannique seront admis à résider dans chaque canton suisse, aux mêmes conditions et sur le même pied que les citoyens des autres cantons suisses.

En conséquence, et pourvu qu'ils se conforment aux lois du pays, les citoyens et les sujets de chacune des deux parties contractantes seront, ainsi que leurs familles, libres d'entrer, de s'établir, de résider et de séjourner dans chaque partie des territoires de l'autre. Ils pourront prendre en loyer et occuper des maisons et des magasins pour les buts de résidence et de commerce, et exercer, conformément aux lois du pays, toute profession ou industrie, ou faire commerce d'articles permis par la loi, en gros ou en détail, par eux-mêmes ou par des courtiers ou des agents qu'ils jugeront convenables d'employer, pourvu que ces courtiers ou agents remplissent aussi, quant à leurs propres personnes, les conditions nécessaires pour être admis à résider dans le pays. En ce qui concerne le domicile, l'établissement, les passeports, les permis de séjourner, de s'établir ou de faire commerce, ainsi qu'en ce qui concerne l'autorisation d'exercer leur profession, de faire des affaires ou d'exercer une industrie, ils ne seront assujettis à aucune taxe, charge ou condition plus fortes ou plus onéreuses que celles auxquelles sont ou pourront être soumis les citoyens ou les sujets du pays dans lequel ils résident, et ils jouiront, à tous ces égards, de tout droit, privilège et exemption accordés ou qui pourront être accordés aux citoyens ou sujets du pays ou aux citoyens ou sujets de la nation la plus favorisée.

Art. 2. — Les citoyens ou les sujets d'une des deux parties contractantes, résidant ou établis dans les territoires de l'autre qui voudront retourner dans leur pays ou qui y seront renvoyés par sentence judiciaire, par mesure de police légalement adoptée et exécutée, ou d'après les lois sur la mendicité et les mœurs, seront reçus en tout temps et en toute circonstance, eux et leurs familles, dans le pays dont ils sont originaires et où ils auront conservé leurs droits conformément aux lois.

Art. 3. — Les demeures et les magasins des citoyens ou des sujets de chacune des deux parties contractantes sur les territoires de l'autre, ainsi que toutes les dépendances qui en font partie, pour l'habitation ou pour le commerce, seront respectés. Il ne pourra être procédé arbitrairement à aucune visite de ces habitations et dépendances, non plus qu'à une inspection ni à un examen des livres et écritures ou comptes des citoyens et sujets respectifs, des mesures de cette nature ne devant avoir lieu qu'en vertu d'une sentence, mandat ou d'un ordre par écrit d'un tribunal ou d'un magistrat quelconque ayant compétence constitutionnelle ou légale.

Les citoyens et les sujets de chacune des deux parties contractantes auront, sur le territoire de l'autre partie, accès libre et ouvert devant les cours de justice, aux fins de poursuivre et de défendre leurs droits. A cet égard, ils jouiront des mêmes droits et privilèges que ceux dont jouissent les citoyens ou les sujets du pays, et ils auront comme eux la liberté de choisir, dans toute cause, leurs avocats, avoués ou agents quelconques parmi les personnes admises à l'exercice de ces professions d'après les lois du pays.

Art. 4. — Les citoyens et les sujets de chacune des deux parties contractantes auront, sur les territoires de l'autre, liberté pleine et entière d'acquérir, de posséder, par achat, vente, donation, échange, mariage, testament, succession *ab intestat* ou de tout autre manière, et d'en disposer, toute espèce de propriété dont les lois du pays permettent la possession aux ressortissants d'une nation étrangère quelconque.

Leurs héritiers et représentants peuvent leur succéder et prendre possession de cette propriété par eux-mêmes ou par des fondés de pouvoirs agissant en leur nom d'après les formes ordinaires de la loi, à l'instar des citoyens ou des sujets du pays. Dans l'absence des héritiers et des représentants, la propriété sera traitée de la même manière que celle d'un citoyen ou d'un sujet du pays serait traitée dans des circonstances semblables.

A tous ces égards, ils ne paieront de la valeur d'une telle propriété aucun impôt, contribution ou charge autres ou plus forts que ceux auxquels sont soumis les citoyens ou sujets du pays.

Dans tous les cas il sera permis aux citoyens et aux sujets des deux parties contractantes d'exporter leurs biens, savoir les citoyens suisses du territoire britannique et les sujets britanniques du territoire suisse, librement et sans être assujettis, lors de l'exportation, à payer un droit quelconque en qualité d'étrangers, et sans devoir acquitter des droits autres ou plus forts que ceux auxquels les propres citoyens ou sujets du pays seront eux-mêmes tenus.

Art. 5. — Les citoyens ou les sujets de chacune des deux parties contractantes qui se trouvent dans les territoires de l'autre seront affranchis de tout service militaire obligatoire, tant dans l'armée et la flotte que dans la garde nationale ou les milices ; ils seront également exempts de toute prestation pécuniaire ou matérielle imposée par compensation pour le service personnel, tout comme des réquisitions militaires, excepté pour les logements et les fournitures pour le militaire en passage, selon l'usage du pays, et à demander également aux citoyens et aux étrangers.

Art. 6. — En temps de paix comme en temps de guerre, il ne pourra, dans aucune circonstance, être imposé ou exigé pour les biens d'un citoyen ou d'un sujet de l'une des deux parties contractantes dans les territoires de l'autre, des taxes, droits, contributions ou charges plus forts qu'ils n'en serait imposé ou exigé pour la même propriété si elle appartenait à un citoyen ou à un sujet du pays ou de la nation la plus favorisée.

Il est, d'ailleurs, entendu qu'aucun impôt ni taxe quel que ce soit, ne sera perçu ni demandé d'un citoyen ou sujet de l'une des deux parties contractantes qui se trouve dans le territoire de l'autre partie, qui soit autre ou plus fort que ceux qui sont ou qui pourront être imposés ou levés d'un citoyen ou sujet du pays ou d'un citoyen ou sujet de la nation la plus favorisée.

Art. 7. — Il sera loisible aux deux parties contractantes de nommer des Consuls pour résider dans les territoires de l'autre. Mais avant qu'un Consul puisse agir en cette qualité, il devra être reconnu et admis, dans la forme ordinaire, par le Gouvernement auprès duquel il est délégué, et chacune des deux parties contractantes pourra excepter, de la résidence des Consuls, des places spéciales selon qu'elle le jugera nécessaire.

Les Consuls de chacune des deux parties contractantes jouiront, sur les territoires de l'autre, de tous les privilèges, exemptions et immunités qui sont ou qui pourront être accordés aux Consuls de la nation la plus favorisée.

Art. 8. — Les deux parties contractantes s'engagent à traiter les citoyens et les sujets respectifs, dans tout ce qui touche l'importation, l'entrepôt, le transit et l'exportation de tout article d'un commerce légal, sur le même pied que les citoyens et les sujets du pays ou que les citoyens et sujets de la nation la plus favorisée, dans tous les cas où ces derniers jouiraient d'un avantage exceptionnel non accordé aux nationaux.

ART. 9. — Aucune des deux parties contractantes ne pourra exiger, pour l'importation, l'entrepôt, le transit ou l'exportation des produits du sol ou des manufactures de l'autre, des droits plus élevés que ceux qui sont ou qui pourront être imposés sur les mêmes articles étant les produits du sol ou des manufactures de tout autre pays étranger.

ART. 10. — Les deux parties contractantes s'engagent de plus, pour le cas où l'une d'elles accorderait dorénavant à une troisième puissance quelque faveur en matière de commerce, à étendre aussi et en même temps cette faveur à l'autre partie contractante.

ART. 11. — Le présent traité restera en vigueur pendant dix ans à dater du jour de l'échange des ratifications, et de plus pendant douze mois après que l'une des deux parties contractantes aura déclaré à l'autre l'intention de renoncer au traité, chacune des deux parties contractantes étant libre d'en notifier la résiliation à l'expiration des dix ans ou à toute époque ultérieure.

ILES HAVAÏENNES

TRAITÉ D'AMITIÉ, D'ÉTABLISSEMENT ET DE COMMERCE

(Du 20 juillet 1864).

Ratifié par la Suisse le 10 octobre 1864.
» par les Iles Havaïennes le 3 février 1868.

ARTICLE PREMIER. — Il y aura entre la Suisse et les Iles Havaïennes paix perpétuelle et liberté réciproque d'établissement et de commerce.

Les Havaïens seront reçus et traités dans chaque canton de la Confédération suisse, relativement à leurs personnes et à leurs propriétés, sur le même pied et de la même manière que le sont ou pourraient l'être, à l'avenir, les ressortissants des autres cantons. Les Suisses jouiront dans les Iles Havaïennes des mêmes droits et avantages que les Havaïens en Suisse. Conformément à ce principe et en dedans de ces limites, les citoyens de chacune des deux Parties contractantes pourront librement sur les territoires respectifs et en se conformant aux lois du pays, voyager ou séjourner, commercer tant en gros qu'en détail, exercer toute profession ou industrie, louer et occuper les maisons, magasins, boutiques et établissements qui leur seront nécessaires, effectuer des transports de marchandises et d'argent, recevoir des consignations tant de l'intérieur que des pays étrangers, sans que pour toutes ou quelques-unes de ces opérations lesdits citoyens soient assujettis à d'autres obligations que celles qui pèsent sur les nationaux, sauf les précautions de police qui sont employées à l'égard des nations les plus favorisées. Ils seront les uns et les autres, sur un pied de parfaite égalité, libres dans tous leurs achats comme dans toutes leurs ventes d'établir et de fixer le prix des effets, marchandises et objets quelconques, tant importés que nationaux, qu'ils les vendent à l'intérieur ou qu'ils les destinent à l'exportation, sauf à se conformer expressément aux lois et règlements du pays.

Ils jouiront de la même liberté pour faire leurs affaires eux-mêmes, présenter en douane leurs propres déclarations ou se faire suppléer par qui bon leur semblera, fondés de pouvoirs, facteurs, agents consignataires ou interprètes, dans l'achat ou dans la vente de leurs biens, leurs effets ou marchandises ; ils auront également le droit de remplir toutes les fonctions qui leur seront confiées par leurs propres compatriotes, par des étrangers ou par des nationaux, en qualité de fondés de pouvoirs, facteurs, agents, consignataires ou interprètes.

Enfin ils ne paieront point, à raison de leur commerce ou de leur industrie, dans les villes ou lieux quelconques des deux Etats, soit qu'ils s'y établissent, soit qu'ils y résident temporairement, des droits, taxes ou impôts, sous quelque dénomination que ce soit, autres ou plus élevés que ceux qui se percevront sur les nationaux ou sur les citoyens de la nation la plus favorisée, et les privilèges, immunités et autres faveurs quelconques dont jouissent, en matière de commerce et d'industrie, les citoyens de l'un des deux Etats contractants, seront communs à ceux de l'autre.

Art. 2. — Les citoyens d'une des deux Parties contractantes, résidant ou établis dans les territoires de l'autre, qui voudront retourner dans leur pays ou qui y seront renvoyés par sentence judiciaire, par mesure de police légalement adoptée, et exécutée, ou d'après les lois sur la mendicité et les mœurs, seront reçus en tout temps et en toute circonstance, eux et leurs familles, dans le pays dont ils sont originaires et où ils auront conservé leurs droits conformément aux lois.

Art. 3. — Les citoyens de chacune des deux Parties contractantes jouiront, sur le territoire de l'autre partie, de la plus constante et complète protection pour leurs personnes et leurs propriétés. Ils auront, en conséquence, un libre et facile accès auprès des tribunaux de justice pour la poursuite et la défense de leurs droits, en toute instance et dans tous les degrés de juridiction établis par les lois. Ils seront libres d'employer, dans toutes les circonstances, les avocats, avoués ou agents de toute classe qu'ils jugeraient à propos de faire agir en leur nom, choisis parmi les personnes admises à l'exercice de ces professions d'après les lois du pays. Enfin, ils jouiront, sous ce rapport, des mêmes droits et privilèges que ceux qui sont accordés aux nationaux, et ils seront soumis aux mêmes conditions.

Les sociétés anonymes, commerciales, industrielles ou financières, légalement autorisées dans l'un des deux pays, seront admises à ester en justice dans l'autre, et jouiront, sous ce rapport, des mêmes droits que les particuliers.

Art. 4. — Les citoyens de chacune des deux Parties contractantes auront, sur les territoires de l'autre, liberté pleine et entière d'acquérir, de posséder par achat, vente, donation, échange, mariage, testament, succession *ab intestat* ou de toute autre manière, toute espèce de propriété mobilière ou immobilière dont les lois du pays permettent la possession aux nationaux et d'en disposer.

Leurs héritiers et représentants peuvent leur succéder et prendre possession par eux-mêmes ou par des fondés de pouvoirs agissant en leur nom d'après les formes ordinaires de la loi à l'instar des citoyens du pays.

Dans l'absence des héritiers ou des représentants, la propriété sera traitée de la même manière que celle d'un citoyen du pays serait traitée dans des circonstances semblables.

A tous ces égards, ils ne paieront de la valeur d'une telle propriété aucun impôt, contribution ou charge autre ou plus forte que ceux auquels sont soumis les citoyens du pays.

Dans tous les cas il sera permis aux citoyens des deux pays contractants d'exporter leurs biens, savoir : les citoyens suisses du territoire hawaïen et les citoyens hawaïens du territoire suisse, librement et sans être assujettis lors de l'exportation à payer un droit quelconque en qualité d'étrangers et sans devoir acquitter des droits autres ou plus forts que ceux auxquels les propres citoyens du pays seront eux-mêmes tenus.

Art. 5. — Les citoyens de chacune des deux Parties contractantes qui se trouvent dans les territoires de l'autre, seront affranchis de tout service militaire obligatoire, tant dans l'armée et la flotte que dans la garde nationale ou civique ou les milices ; ils seront également exempts de toute prestation pécuniaire ou matérielle imposée par compensation pour le service personnel, tout comme des réquisitions militaires, excepté pour les logements et les fournitures pour le militaire en passage, selon l'usage du pays et à demander également aux citoyens et aux étrangers.

Art. 6. — En temps de paix comme en temps de guerre il ne pourra, dans aucune circonstance, être imposé ou exigé pour les biens d'un citoyen de l'une des deux Parties contractantes dans les territoires de l'autre, des taxes, droits, contributions ou charges plus forts qu'il n'en serait imposé ou exigé pour la même propriété, si elle appartenait à un citoyen du pays ou à un citoyen ou un sujet de la nation la plus favorisée.

Il est d'ailleurs entendu qu'il ne sera perçu ni demandé d'un citoyen de l'une des deux parties contractantes qui se trouve dans le territoire de l'autre partie, aucun impôt que ce soit, autre ou plus fort que ceux qui sont ou qui pourront être imposés ou levés d'un citoyen du pays ou d'un citoyen ou sujet de la nation la plus favorisée.

Art. 7. — Il sera loisible aux deux Parties contractantes de nommer des Consuls, vice-Consuls ou Agents consulaires pour résider dans les territoires de l'autre. Mais avant qu'un de ces Officiers puisse agir en cette qualité, il devra être reconnu et admis dans la forme ordinaire par le Gouvernement auprès duquel il est délégué, et chacune des deux Parties contractantes pourra excepter de la résidence d'Officiers consulaires des places spéciales, selon qu'elle le jugera nécessaire.

Les Officiers consulaires de chacune des deux Parties contractantes jouiront sur les territoires de l'autre de tous les privilèges, exemptions et immunités qui sont ou pourront être accordés aux Officiers du même rang de la nation la plus favorisée.

Art. 8. — Les deux Parties contractantes s'engagent à traiter les citoyens respectifs dans tout ce qui touche l'importation, l'entrepôt, le transit et l'exportation de tout article d'un commerce légal, sur le même pied que les citoyens du pays, ou que les citoyens ou sujets de la nation la plus favorisée, dans tous les cas où ces derniers jouiraient d'un avantage exceptionnel non accordé aux nationaux.

Art. 9. — Aucune des deux Parties contractantes ne pourra exiger pour l'importation, l'entrepôt, le transit ou l'exportation des produits du sol ou des manufactures de l'autre, des droits plus élevés que ceux qui sont ou pourront être imposés sur les mêmes articles, étant les produits du sol ou des manufactures de tout autre pays étranger. Les droits d'entrée à payer dans les Iles Havaïennes sur les produits d'origine ou de manufacture suisse seront donc, dès l'entrée en vigueur du Traité actuel, réduits aux taux accordés à la nation la plus favorisée et perçus d'après les mêmes règles et sous les mêmes conditions.

Art. 10. — Les deux Parties contractantes s'engagent pour le cas où l'une d'elles accorderait dorénavant à une troisième puissance quelque faveur en matière de commerce ou de douane, à étendre en même temps et de plein droit cette faveur à l'autre partie contractante.

Art. 11. — Les objets passibles d'un droit d'entrée qui servent d'échantillons et qui sont importés dans les Iles Hawaïennes par des commis-voyageurs de maisons suisses, ou importés en Suisse par des commis-voyageurs de maisons hawaïennes seront, de part et d'autre, admis en franchise temporaire, moyennant les formalités de douane nécessaires pour en assurer la réexportation ou la réintégration en entrepôt.

Art. 12. — Dans le cas où un différend s'élèverait entre les deux pays contractants qui ne pourrait pas être arrangé amicalement par correspondance diplomatique entre les deux Gouvernements, ces derniers désigneraient d'un commun accord pour arbitre une puissance tierce, neutre et amie, et dont l'arbitrage serait admis par les deux Parties.

Art. 13. — Les stipulations du présent Traité seront exécutoires dans les deux Etats dès le centième jour après l'échange des ratifications. Le Traité restera en vigueur pendant dix ans à dater du jour de l'échange des ratifications. Dans le cas où aucune des deux Parties contractantes n'aurait notifié, douze mois avant la fin de ladite période, son intention d'en faire cesser les effets, le Traité demeurera obligatoire jusqu'à l'expiration d'une année, à partir du jour où l'une ou l'autre des Parties contractantes l'aura dénoncé.

Les Parties contractantes se réservent la faculté d'introduire d'un commun accord dans ce Traité toutes modifications qui ne seraient pas en opposition avec son esprit ou ses principes et dont l'utilité serait démontrée par l'expérience.

ITALIE

CONVENTION D'ÉTABLISSEMENT ET CONSULAIRE

(Du 22 juillet 1868).

Ratifiée par la Suisse le 31 décembre 1868.
» par l'Italie le 1er avril 1869.

ARTICLE PREMIER. — Il y aura, entre la Confédération suisse et le royaume d'Italie, amitié perpétuelle et liberté réciproque d'établissement et de commerce.

Les Italiens seront reçus et traités, dans chaque canton de la Confédération suisse, relativement à leurs personnes et à leurs propriétés, sur le même pied et de la même manière que le sont ou pourront l'être à l'avenir les ressortissants des autres Cantons.

Réciproquement, les Suisses seront reçus et traités, en Italie, relativement à leurs personnes et à leurs propriétés, sur le même pied et de la même manière que les nationaux.

En conséquence, les citoyens de chacun des deux Etats, ainsi que leurs familles, pourvu qu'ils se conforment aux lois du pays, pourront librement entrer, voyager, séjourner et s'établir dans chaque partie du territoire, sans qu'en ce qui concerne les passeports et les permis de séjour, et l'autorisation d'exercer leur profession, ils soient soumis à aucune taxe, charge ou condition autres que celles auxquelles sont soumis les nationaux. Ils pourront commercer tant en gros qu'en détail, exercer toute profession ou industrie, louer et occuper les maisons, magasins, boutiques, établissements qui leur seront nécessaires, effectuer des transports de marchandises et d'argent, et recevoir des consignations, tant de l'intérieur que des pays étrangers, sans que, pour toutes ou quelques-unes de ces opérations, lesdits citoyens soient assujettis à des obligations ou à des charges plus fortes et plus onéreuses que celles auxquelles sont ou pourront être soumis les nationaux, sauf les précautions de police qui sont employées à l'égard des ressortissants des nations les plus favorisées. Ils seront, les uns et les autres, sur un pied de parfaite égalité, dans tous leurs achats comme dans toutes leurs ventes, libres d'établir et de fixer le prix des effets, marchandises et objets quelconques, tant importés que nationaux, soit qu'ils les vendent à l'intérieur, soit qu'ils les destinent à l'exportation, sauf à se conformer exactement aux lois et aux règlements du pays. Ils jouiront de la même liberté pour faire leurs affaires eux-mêmes, présenter en douane leurs propres déclarations ou employer à cet effet qui bon leur semblera, fondés de pouvoirs, facteurs, courtiers, agents et consignataires ou interprètes, dans l'achat ou dans la vente de leurs biens, effets ou marchandises. Ils auront également le droit de remplir toutes les fonctions qui leur seront confiées par leurs compatriotes ou par des étrangers ou par des nationaux en qualité de fondés de pouvoirs, facteurs, agents consignataires ou interprètes.

Enfin, ils ne paieront point, à raison de leur commerce ou de leur industrie, dans les villes ou lieux des deux Etats, soit qu'ils s'y établissent, soit qu'ils y résident temporairement, des droits, taxes ou impôts sous quelque dénomination que ce soit, autres ou plus élevés que ceux qui se percevront sur les nationaux ou sur les ressortissants de la nation la plus favorisée ; et les privilèges, immunités ou autres faveurs quelconques dont jouissent ou jouiront à l'avenir, en matière de commerce et d'industrie, les citoyens de l'un des deux Etats, seront communs à ceux de l'autre. Ne sont cependant pas compris dans les avantages mentionnés ci-dessus, l'exercice des droits politiques et la participation au bien des communes, des corporations ou des fondations dont les citoyens de l'un des deux pays établis dans l'autre n'auraient pas été reçus comme membres ou à titre de co-propriétaires.

Art. 2. — Les citoyens de l'un des deux Etats contractants résidant ou établis dans le territoire de l'autre qui voudront retourner dans leur pays ou qui y seront renvoyés par sentence judiciaire, par mesure de police légalement adoptée et exécutée, ou d'après les lois sur la mendicité ou les mœurs, seront reçus, eux et leurs familles, en tout temps et en toute circonstance, dans le pays dont ils sont originaires, et où ils auront conservé leur droit conformément aux lois.

Art. 3. — Les déclarations des 11 août et 10 septembre 1862, échangées entre le Gouvernement italien et le Conseil fédéral suisse pour constater l'extension à toutes les provinces du royaume d'Italie des anciennes stipulations qui avaient aboli les droits d'aubaine entre la Suisse et la Sardaigne, sont confirmées, et leurs dispositions sont complétées de la manière suivante :

Les citoyens de chacune des deux parties contractantes pourront prendre possession et disposer d'un héritage qui leur sera échu en vertu d'une loi ou d'un testament dans un territoire quelconque de l'autre, à l'égal des citoyens du pays, sans être soumis à d'autres conditions ou à des conditions plus onéreuses que ceux-ci. Ils auront liberté pleine et entière d'acquérir, de posséder, par achats, ventes ou donations, échange, mariage, testament ou succession *ab intestat* ou de toute autre manière, toute espèce de propriété mobilière ou immobilière dont les lois du pays permettent la possession aux nationaux, et d'en disposer. Leurs héritiers et représentants pourront succéder et prendre possession de cette propriété par eux-mêmes ou par des fondés de pouvoirs agissant en leur nom et d'après les formes ordinaires de loi, à l'instar des citoyens du pays. En l'absence des héritiers ou des représentants, la propriété sera traitée de la même manière que serait traitée, dans des circonstances semblables, celle d'un citoyen du pays. A tous ces égards, ils ne paieront, sur la valeur d'une telle propriété, aucun impôt, contribution ou charge autre ou plus forte que celles auxquelles sont soumis les citoyens du pays. Dans tous les cas il sera permis aux citoyens des deux parties contractantes d'exporter leurs biens, savoir les citoyens italiens du territoire suisse, et les citoyens suisses du territoire italien, librement et sans être assujettis, lors de l'exportation, à payer un droit quelconque en qualité d'étrangers et sans devoir acquitter des droits autres ou plus forts que ceux auxquels les citoyens du pays seront soumis eux-mêmes.

Art. 4. — Les citoyens de l'un des deux Etats établis dans l'autre, seront affranchis de tout service militaire, tant dans l'armée de terre et de mer que dans la garde nationale et les milices de cet Etat. Ils seront également exempts de l'impôt militaire et de toute prestation pécuniaire ou matérielle imposée, par compensation, pour le service personnel, tout comme des réquisitions militaires, à l'exception de celles des logements et des fournitures pour les militaires de passage, selon l'usage du pays, et qui seraient également exigées des citoyens et des étrangers.

Lorsqu'un fils de parents suisses établis dans le royaume d'Italie y a acquis la naturalisation, en vertu des lois italiennes, il y est aussi astreint aux obligations malitaires si, dans l'année qui suivra l'époque de sa majorité, il n'aura pas opté devant l'autorité compétente pour la naturalisation suisse, et dans tous les cas, il ne sera pas appelé au service avant que l'âge de la majorité ne soit légalement atteint.

Art. 5. — En temps de paix comme en temps de guerre, il ne pourra, dans aucune circonstance, être imposé ou exigé, pour les biens d'un citoyen de l'un des deux pays dans le territoire de l'autre, des taxes, droits, contributions ou charges autres ou plus fortes qu'il n'en serait imposé à un citoyen du pays ou à un citoyen de la nation la plus favorisée. Il est d'ailleurs entendu qu'il ne sera perçu ni exigé d'un citoyen de l'un des deux Etats qui se trouvera dans le territoire de l'autre, aucun impôt quelconque, autre ou plus fort que ceux qui pourront être imposés ou levés sur un citoyen du pays ou de la nation la plus favorisée.

Art. 6. — Les citoyens de l'un des deux pays jouiront, sur le territoire de l'autre, de la plus constante et complète protection pour leurs personnes et pour leurs propriétés. Ils auront, en conséquence, un libre et facile accès auprès des tribunaux de justice, aux fins de poursuivre et défendre leurs intérêts et leurs droits dans tous les degrés d'instance et dans toutes les juridictions établies par les lois. A cet effet, ils seront libres d'employer, dans toutes les circonstances, des avocats, avoués ou agents quelconques, et de les choisir parmi les personnes admises à l'exercice de ces professions, d'après les lois du pays. Enfin, ils jouiront, sous ce rapport, des mêmes privilèges que ceux dont jouissent ou jouiront les nationaux, et ils seront soumis aux mêmes conditions.

Art. 7. — Pour être admis à ester en justice, les citoyens des deux Etats ne sont tenus, de part et d'autre, qu'aux mêmes cautions et formalités prescrites pour les nationaux eux-mêmes.

Art. 8. — Lorsqu'un citoyen suisse possédant des biens sur le territoire de la Confédération viendra à être déclaré en faillite ou banqueroute, les créanciers italiens, s'il y en a, seront admis à faire valoir leurs hypothèques sur le même pied que les créanciers hypothécaires suisses, et ils seront payés sans distinction sur lesdits biens suivant le grade et l'ordre de leurs inscriptions.

Les créanciers chirographaires ainsi que les simples créanciers, seront traités sans distinction, qu'ils appartiennent à l'un ou à l'autre des deux pays en conformité des lois en vigueur en Suisse.

Les mêmes dispositions seront appliquées, en Italie,

envers les Suisses, créanciers hypothécaires, chirographaires, ou simples créanciers d'un Italien déclaré en faillite ou banqueroute, qui possède des biens sur le territoire du royaume.

Art. 9. — Les citations ou notifications des actes, les déclarations ou interrogatoires des témoins, les rapports des experts, les actes d'instruction judiciaire, et, en général, tout acte qui doit avoir exécution, en matière civile ou pénale, d'après commission rogatoire du tribunal d'un pays sur le territoire de l'autre, doit recevoir son exécution sur papier non timbré et sans paiement de frais.

Néanmoins cette disposition ne se rapportera qu'aux droits dus, en pareil cas, aux Gouvernements respectifs, et ne comprendra en aucune façon ni les indemnités dues aux témoins, ni les émoluments qui pourraient être dus aux fonctionnaires ou avoués, toutes les fois que leur intervention serait nécessaire, d'après les lois, pour l'accomplissement de l'acte demandé.

Art. 10. — Tout avantage que l'une des deux parties contractantes aurait concédé ou pourrait encore concéder à l'avenir, d'une manière quelconque, à une autre puissance en ce qui concerne l'établissement et l'exercice des professions industrielles, sera applicable de la même manière et à la même époque à l'autre partie sans qu'il soit nécessaire de faire une convention spéciale à cet effet.

Art. 11. — Chacune des Hautes Parties contractantes aura la faculté d'établir des Consuls généraux, Consuls, vice-Consuls ou Agents consulaires dans les ports, villes et localités du territoire de l'autre Partie.

Les deux Gouvernements conservent d'ailleurs le droit de déterminer les résidences où il ne leur conviendra pas d'admettre des fonctionnaires consulaires, bien entendu que, sous ce rapport, ils ne s'opposeront respectivement aucune restriction qui ne soit commune à toutes les autres nations.

Les dits Agents seront réciproquement admis et

reconnus en présentant leurs provisions selon les règles et formalités établies dans les pays respectifs. L'*exequatur* nécessaire pour le libre exercice de leurs fonctions leur sera délivré sans frais, et sur la production du dit *exequatur,* l'autorité supérieure du lieu de leur résidence prendra immédiatement les mesures nécessaires pour qu'ils puissent s'acquitter des devoirs de leur charge et qu'ils soient admis à la jouissance des exemptions, prérogatives immunités, honneurs et privilèges qui y sont attachés.

Art. 12. — Les Consuls généraux et Consuls pourront nommer des vice-Consuls ou Agents consulaires dans les villes et localités de leurs arrondissements consulaires respectifs, sauf l'approbation du Gouvernement. Ces Agents pourront être indistinctement choisis parmi les citoyens des deux pays comme parmi les étrangers et seront munis d'un brevet délivré par le Consul qui les aura nommés, et sous les ordres duquel ils devront être placés. Ils jouiront des mêmes privilèges et immunités que les Agents de ces catégories de la nation la plus favorisée.

Art. 13. — Les fonctionnaires consulaires suisses en Italie et les fonctionnaires consulaires italiens en Suisse jouiront, sous réserve de parfaite réciprocité de tous les privilèges, exemptions et immunités dont jouissent ou jouiront à l'avenir, les fonctionnaires consulaires de même grade de la nation la plus favorisée.

Ils pourront placer au-dessus de la porte extérieure du Consulat ou vice-Consulat, l'écusson des armes de leur nation avec cette inscription : « Consulat ou vice-Consulat de ... »

Ils pourront également arborer le pavillon de leur pays sur la maison consulaire, aux jours de solennités publiques, ainsi que dans d'autres circonstances d'usage, à moins qu'ils ne résident dans une ville où se trouverait la Légation de leur pays.

Il est bien entendu que ces marques extérieures ne pourront jamais être interprétées comme constituant un droit d'asile, mais serviront avant tout à désigner aux nationaux l'habitation consulaire.

Art. 14. — Les Consuls généraux, Consuls et vice-Consuls ne pourront être sommés de comparaître comme témoins devant les tribunaux.

Quand la justice locale aura besoin de recueillir auprès d'eux quelques déclarations juridiques, elle devra se transporter à leur domicile pour les recevoir de vive voix, ou déléguer à cet effet un fonctionnaire compétent ou la leur demander par écrit.

Art. 15. — Les archives consulaires seront inviolables, et les autorités locales ne pourront, sous aucun prétexte ni dans aucun cas, visiter ni saisir les papiers qui en font partie.

Ces papiers devront toujours être complètement séparés des livres ou papiers relatifs au commerce ou à l'industrie que pourraient exercer les Consuls généraux, Consuls ou vice-Consuls respectifs.

Art. 16. — Les Consuls généraux, Consuls et vice-Consuls des deux pays, ou leurs Chanceliers, auront droit de recevoir dans leurs chancelleries et au domicile des parties, les déclarations que pourront avoir à faire les négociants et tous les autres citoyens de leur pays.

Ils seront également autorisés à recevoir, comme notaires, les dispositions testamentaires de leurs nationaux.

Ils auront, en outre, le droit de recevoir dans leurs chancelleries tous actes conventionnels passés entre un ou plusieurs de leurs nationaux et d'autres personnes du pays dans lequel ils résident, et de même tout acte conventionnel concernant des citoyens de ce dernier pays seulement, pourvu, bien entendu, que ces actes aient rapport à des biens situés ou à des affaires à traiter sur le territoire de la nation à laquelle appartiendra le Consul ou l'Agent consulaire devant lequel ils seront passés.

Les copies ou extraits de ces actes duement légalisés par les dits Agents et scellés du sceau officiel des Consulats, vice-Consulats ou Agences consulaires, feront foi tant en justice que hors de justice, soit en Suisse soit en Italie, au même titre que les originaux et auront la même force et valeur que s'ils avaient été passés devant un notaire ou autre officier public de l'un ou de l'autre pays, pourvu que ces actes aient été rédigés dans les formes requises par les lois de l'Etat auquel appartiennent les Consuls, vice-Consuls ou Agents consulaires, et qu'ils aient ensuite été soumis au timbre et à l'enregistrement, ainsi qu'à toutes les autres formalités qui régissent la matière dans le pays où l'acte doit recevoir son exécution.

Dans le cas où un doute s'élèverait sur l'authenticité de l'expédition d'un acte public enregistré à la Chancellerie d'un des Consulats respectifs, on ne pourra en refuser la confrontation avec l'original à l'intéressé qui en fera la demande et qui pourra assister à cette collation, s'il le juge convenable.

Les Consuls généraux, Consuls, vice-Consuls et Agents consulaires respectifs pourront traduire et légaliser toute espèce de documents émanés des autorités ou fonctionnaires de leur pays, et ces traductions auront, dans les pays de leur résidence, la même force et valeur que si elles eussent été faites par les interprètes jurés du pays.

Art. 17. — Lorsqu'un Italien sera mort en Suisse sans laisser d'héritiers connus ou d'exécuteurs testamentaires, les autorités suisses chargées, selon les lois de leur pays, de l'administration de la succession, en donneront avis à la Légation ou au fonctionnaire consulaire italien, dans la circonscription duquel le décès aura eu lieu, afin qu'ils transmettent aux intéressés les informations nécessaires.

Le même avis sera donné par les autorités compétentes italiennes à la Légation ou aux fonctionnaires consulaires suisses, lorsqu'un Suisse sera mort en Italie sans laisser d'héritiers connus ou d'exécuteurs testamentaires.

Les contestations qui pourraient s'élever entre les héritiers d'un Italien mort en Suisse, au sujet de sa succession, seront portées devant le juge du dernier domicile que l'Italien avait en Italie.

La réciprocité aura lieu à l'égard des contestations

qui pourraient s'élever entre les héritiers d'un Suisse mort en Italie.

Art. 18. — La présente Convention recevra son application dans les deux pays en même temps que le Traité de commerce conclu sous la date du 22 juillet 1868, et elle aura la même durée.

DÉCLARATION

faisant suite à la Convention d'établissement et consulaire signée à Berne le 22 juillet 1868.

(Du 22 juillet 1868).

Il est entendu entre les Hautes Parties contractantes que les exemptions accordées aux ressortissants des deux pays par l'article 4 de la Convention d'établissement et consulaire signée à Berne le 22 juillet 1868 ne sauraient profiter aux Italiens naturalisés en Suisse, si ce n'est dans les limites de l'article 12 du code civil du royaume d'Italie.

La présente déclaration sera considérée comme faisant partie de la Convention et aura la même force et valeur que si elle y était insérée mot à mot.

La précédente Convention a été déclarée maintenue en vigueur, sauf faculté de dénonciation de douze en douze mois, par une déclaration signée à Rome le 28 janvier 1879. (Rec. off. Nouv. série, tome IV, p. 99.)

NOTE. — L'article 12 mentionné ci-dessus est de la teneur suivante :

« La perte de la qualité de citoyen, dans les cas exprimés dans l'article précédent, n'exempt pas des obligations du service militaire, ni des peines infligées à ceux qui portent les armes contre la patrie. »

JAPON

TRAITÉ D'AMITIÉ ET DE COMMERCE

(Du 6 février 1864).

Ratifié par la Suisse le 27 juillet 1864.
» par le Japon en Juillet 1864.

ARTICLE PREMIER. — Il y aura à perpétuité paix et amitié entre le Conseil fédéral de la Confédération suisse et Sa Majesté le Taïcoun du Japon, comme aussi entre leurs successeurs et les citoyens et sujets des deux pays.

ART. 2. — Le Conseil fédéral de la Confédération suisse aura le droit de nommer, s'il le trouve nécessaire, un Agent diplomatique qui résidera dans la ville de *Yédo*. Il aura en outre le droit de nommer des fonctionnaires consulaires pour les ports qui s'ouvriront au commerce suisse.

L'Agent diplomatique nommé par le Conseil fédéral et de même le Consul général, auront le droit de voyager librement et sans empêchement dans toutes les parties de l'Empire du Japon.

Sa Majesté le Taïcoun du Japon pourra nommer un Agent diplomatique dans la ville fédérale et des fonctionnaires consulaires dans toutes les villes de la Confédération suisse.

L'Agent diplomatique et le Consul général du Japon auront le droit de voyager librement dans toute la Suisse.

ART. 3. — Dès le jour où le présent Traité entrera en vigueur, les villes et ports ouverts au commerce étranger seront ouverts aux citoyens et au commerce suisses.

Ils auront le droit de louer des terrains dans ces villes et ports, résider en permanence et acheter des maisons, et ils pourront pareillement y bâtir des habitations et des magasins. Mais aucune fortification ou place forte militaire n'y sera élevée sous prétexte de construction de hangars ou d'habitations, et pour s'assurer que cette clause est fidèlement exécutée, les Autorités japonaises compétentes auront le droit d'inspecter de temps à autre toute construction qui serait élevée, changée ou réparée.

L'emplacement que les citoyens suisses occuperont et dans lequel ils pourront construire leurs habitations, sera déterminé par le fonctionnaire consulaire suisse, de concert avec les Autorités japonaises compétentes de chaque lieu ; il en sera de même pour les règlements de port, et si le Consul et les Autorités locales ne parviennent pas à s'entendre à ce sujet, la question sera soumise à l'Agent diplomatique suisse et au Gouvernement japonais.

Autour des lieux où résideront les citoyens suisses, il ne sera élevé ou placé par les Japonais ni mur, ni clôture, ni tout autre obstacle qui pourrait entraver la libre sortie ou la libre entrée de ces lieux.

Dans les ports ouverts du Japon, les limites dans l'enceinte desquelles les citoyens suisses pourront librement circuler, seront les mêmes que pour les ressortissants des autres nations.

Art. 4. — Les citoyens suisses au Japon auront le droit d'exercer librement leur religion. A cet effet, ils pourront élever dans le terrain destiné à leur résidence les édifices convenables à leur culte.

Art. 5. — Tous les différends qui pourraient s'élever entre citoyens suisses domiciliés au Japon, au sujet de leur personne ou de leurs propriétés, seront soumis à la juridiction de l'Autorité suisse constituée au Japon.

Dans le cas où un citoyen suisse aurait à se plaindre d'un Japonais, l'Autorité japonaise prononcera.

Dans le cas où un sujet japonais aurait à se plaindre d'un Suisse, l'Autorité suisse prononcera.

Si quelque Japonais venait à ne pas payer ce qu'il doit à un Suisse, ou s'il se cachait frauduleusement, les Autorités japonaises compétentes feraient tout ce qui dépendrait d'elles pour le traduire en justice et pour obtenir de lui le paiement de sa dette ; et si quelque citoyen suisse se cachait frauduleusement ou manquait à payer ses dettes à un Japonais, les Autorités suisses feraient de même tout ce qui dépendrait d'elles pour amener le délinquant en justice et le forcer à payer ce qu'il devrait.

Ni les Autorités suisses, ni les Autorités japonaises ne sont responsables du paiement de dettes contractées par leurs ressortissants respectifs.

Art. 6. — Les citoyens suisses qui commettraient un acte criminel contre des sujets japonais ou des ressortissants d'autres nations, seront traduits devant les fonctionnaires consulaires suisses et punis selon leurs lois.

Les sujets japonais qui se rendraient coupables d'un acte criminel contre des citoyens suisses, seront traduits devant les Autorités japonaises et punis conformément aux lois du Japon.

Art. 7. — Toutes les réclamations d'amendes ou confiscations encourues par suite d'infractions au présent Traité ou aux règlements commerciaux qui y sont annexés, seront soumises à la décision des Autorités consulaires suisses. Les amendes ou confiscations qui seront imposées par celles-ci, appartiendront au Gouvernement japonais.

Art. 8. — Dans tous les ports du Japon ouverts au commerce, les citoyens suisses auront le droit d'importer du territoire suisse et des ports étrangers, de vendre, d'acheter et d'exporter à des ports étrangers, toute espèce de marchandise n'étant pas de la contrebande. Ils ne paieront que les droits stipulés dans le Tarif annexé au présent Traité, et sans avoir à supporter d'autre charge.

Les citoyens suisses pourront librement acheter

des Japonais et leur vendre toutes sortes d'articles, sans intervention d'aucun employé japonais, soit dans ces ventes et achats, soit pour effectuer ou recevoir les paiements.

Toutes les classes du Japon pourront acheter, garder, employer ou revendre toutes les marchandises vendues par les citoyens suisses.

Art. 9. — Le Gouvernement japonais n'apportera aucun obstacle à ce que les Suisses résidant au Japon puissent prendre à leur service des sujets japonais et les employer à toute occupation que les lois ne prohibent pas.

Art. 10. — Les règlements commerciaux annexés au présent Traité seront considérés comme en faisant partie intégrante et ils seront en conséquence également obligatoires pour les deux Hautes Parties contractantes.

Les règlements de navigation, d'admission et de déchargement des navires dans les ports japonais ne concernant point la Confédération suisse (qui n'est pas un Etat maritime), ne figurent pas dans le présent Traité ; mais il est entendu que toute infraction à ces règlements dont un Suisse pourrait se rendre coupable, sera jugée conformément aux dispositions existantes pour les autres nations.

L'Agent diplomatique suisse au Japon, agissant de concert avec les fonctionnaires qui pourraient être désignés à cet effet par le Gouvernement japonais, aura le pouvoir d'établir, dans tous les ports ouverts au commerce, les règlements qui seraient nécessaires pour mettre à exécution les stipulations des règlements commerciaux ci-annexés.

Art. 11. — Les Autorités japonaises, dans chaque port, adopteront telles mesures qui leur paraîtront les plus convenables pour prévenir la fraude et la contrebande.

Art. 12. — Les citoyens suisses qui auraient importé des marchandises dans l'un des ports ouverts du Japon et payé les droits exigés, pourront obtenir des chefs de la douane japonaise un certificat constatant que ce paiement a eu lieu, et il leur sera permis alors de réexporter ces marchandises et de les débarquer dans l'un des autres ports ouverts du Japon, sans avoir à payer de droit additionnel d'aucune espèce.

Art. 13. — Toutes les marchandises importées par les citoyens suisses dans l'un des ports ouverts du Japon, et qui auront payé les droits fixés par ce Traité, pourront être transportées par les Japonais dans toutes les parties de l'Empire sans avoir à payer aucune taxe ni aucun droit de transit ou de quelque autre nature.

Art. 14. — Toute monnaie étrangère aura cours au Japon et passera pour la valeur de son poids comparé à celui de la monnaie japonaise analogue.

Les Suisses et les Japonais pourront librement faire usage des monnaies étrangères ou des monnaies japonaises dans tous les paiements qu'ils auraient à se faire réciproquement.

Les monnaies japonaises de toute espèce, à l'exception de celle de cuivre, pourront être exportées du Japon, aussi bien que l'or et l'argent étrangers non monnayés.

Art. 15. — Si les chefs de la douane japonaise n'étaient pas satisfaits de l'évaluation donnée par des négociants à quelques-unes de leurs marchandises, ces fonctionnaires pourraient en estimer le prix et offrir de les acheter au taux ainsi fixé.

Si le propriétaire refusait d'accepter l'offre qui lui aurait été faite, il aurait à payer aux fonctionnaires de la douane les droits proportionnels à cette estimation.

Si, au contraire, l'offre était acceptée, la valeur offerte serait immédiatement payée au négociant sans escompte ni rabais.

Art. 16. — Il est expressément stipulé que le Gouvernement et les citoyens suisses jouiront librement, à dater du jour où le Traité entre en vigueur, de tous les avantages, immunités et privilèges qui ont été ou qui seraient à l'avenir garantis par Sa Majesté le Taïcoun du Japon, au Gouvernement ou aux sujets de toute autre nation.

Art. 17. — Il est également convenu que chacune des deux Hautes Parties contractantes pourra, après en avoir prévenu l'autre au moins une année d'avance, à dater du 1er juillet 1872 ou après cette époque, demander la révision du présent Traité pour y faire les modifications ou y insérer les amendements que l'expérience aurait démontrés nécessaires.

Art. 18. — Toutes les communications officielles de l'Agent diplomatique ou des fonctionnaires consulaires suisses aux Autorités japonaises seront écrites en langue française. Toutefois, pour faciliter la prompte expédition des affaires, ces communications seront accompagnées d'une traduction en langue hollandaise pendant les cinq premières années qui s'écouleront à dater de l'époque où le présent Traité entrera en vigueur.

Art. 19. — Ce Traité étant écrit en quadruple expédition, en français, en japonais et en hollandais, et toutes les versions ayant le même sens et la même intention, l'on tiendra la version hollandaise pour l'original, de telle sorte que s'il s'élevait jamais des contestations d'interprétation quant aux textes français et japonais, l'on recourrait à la version hollandaise, qui serait envisagée comme décisive.

Art. 20. — Le présent Traité sera ratifié par le Conseil fédéral suisse et par Sa Majesté le Taïcoun du Japon, sous les signatures et sceaux usités ; et les ratifications s'échangeront à Yédo dans l'espace de dix-huit mois après le jour de la signature.

Le présent Traité entre en vigueur dès le jour de la signature.

LIECHTENSTEIN

CONVENTION D'ÉTABLISSEMENT

(Du 6 juillet 1874).

Ratifiée par le Liechtenstein le 22 septembre 1874.
» par la Suisse le 18 novembre 1874.

ARTICLE PREMIER. — La Suisse accorde aux ressortissants de la Principauté de Liechtenstein, aux conditions mentionnées dans l'art. 2, le droit de séjourner temporairement ou de s'établir en permanence en Suisse, d'y acquérir ou aliéner des biens-fonds ou d'exercer ou faire exercer pour leur propre compte toute profession dont l'exercice est permis, sans être obligés de s'y faire naturaliser ou d'y requérir la bourgeoisie, ni être soumis à des charges autres que celles auxquelles sont sujets les citoyens suisses.

Réciproquement, la Principauté de Liechtenstein assure aux ressortissants de la Suisse, aux mêmes conditions, le droit d'y séjourner temporairement ou de s'y établir en permanence, d'y acquérir ou aliéner des biens-fonds, d'exercer ou de faire exercer pour leur propre compte toute profession dont l'exercice est permis, sans être obligés de s'y faire naturaliser ou d'y acquérir la bourgeoisie, ni être astreints à des charges autres que celles auxquelles sont sujets les ressortissants de la Principauté de Liechtenstein.

ART. 2. — Pour obtenir le droit d'établissement, les ressortissants des deux Etats auront à déposer un certificat d'origine ou autre pièce analogue, et une attestation par laquelle les autorités du Canton d'origine du requérant certifient qu'ils jouissent d'une réputation intacte et qu'ils sont en position de subvenir à leur entretien et à celui de leur famille.

Art. 3. — Chacune des Parties contractantes s'engage à recevoir ceux de ses ressortissants auxquels le droit d'établissement aurait été retiré par l'autre Partie, s'ils n'ont pas acquis un droit de cité dans un autre Etat et n'ont pas été dûment affranchis de tout lien envers leur pays d'origine.

Art. 4. — Les ressortissants des deux Etats sont soumis, quant au service militaire, aux lois de leur pays. Dans l'Etat de l'établissement, ils sont affranchis de toutes prestations y relatives.

Art. 5. — Les propriétaires ou cultivateurs suisses de biens-fonds dans la Principauté de Liechtenstein, et vice versâ les propriétaires ou cultivateurs de biens-fonds en Suisse ressortissants de la Principauté jouissent pour l'exploitation de leurs biens des mêmes avantages que les nationaux habitant la même localité, à la condition de se soumettre aux mêmes charges et impôts que les ressortissants du pays, ainsi qu'aux ordonnances d'administration et de police applicables à ces derniers.

Art. 6. — Le présent Traité entrera en vigueur un mois après l'échange des actes de ratification et demeurera en force pendant un laps de temps de dix ans.

Dans le cas où aucune des Parties contractantes n'aurait notifié douze mois avant la fin de ladite période son intention d'en faire cesser les effets, il demeurera obligatoire jusqu'à l'expiration d'une année à partir du jour où l'une ou l'autre des Parties contractantes l'aura dénoncé.

Les ratifications du présent traité seront échangées aussitôt que possible après qu'il aura été ratifié.

PAYS-BAS

TRAITÉ D'AMITIÉ, DE COMMERCE ET D'ÉTABLISSEMENT

(Du 19 août 1875).

Ratifié par la Suisse le 19 août 1878.
» par les Pays-Bas le 2 septembre 1878.

Article premier. — Les sujets et citoyens des deux Hautes Parties contractantes seront complètement assimilés aux nationaux pour tout ce qui regarde le séjour et l'établissement, l'exercice du commerce, de l'industrie et des professions, le paiement des impôts, l'exercice des cultes, le droit d'acquérir et de disposer de toute propriété mobilière et immobilière par achat, vente, donation, échange, testament et succession *ab intestat*.

Ils seront complètement assimilés aux sujets de la nation étrangère la plus favorisée, en ce qui regarde leur position personnelle sous tous les autres rapports.

Les dispositions qui précèdent ne dérogent pas aux distinctions légales entre les personnes d'origine occidentale et celles d'origine orientale dans les possessions néerlandaises de l'Archipel oriental.

Art. 2. — Les produits du sol et de l'industrie du Royaume des Pays-Bas et de ses colonies, de quelque part qu'ils viennent, et toute marchandise sans distinction d'origine, venant de ce Royaume ou de ses colonies, seront admis en Suisse sur le même pied et sans être assujettis à d'autres ou à de plus forts droits, de quelque dénomination que ce soit, que les produits similaires de la nation étrangère la plus favorisée.

Réciproquement, les produits du sol et de l'industrie de la Confédération suisse, de quelque part qu'ils viennent, et toute marchandise sans distinction d'origine, venant de cette Confédération, seront admis dans le Royaume des Pays-Bas et dans ses colonies sur le même pied et sans être assujettis à d'autres ou à de plus forts droits, de quelque dénomination que ce soit, que les produits similaires de la nation étrangère la plus favorisée. Ces stipulations ne s'appliquent pas à la franchise de droits d'entrée accordée aux Etats indigènes de l'Archipel oriental pour l'importation de leurs produits dans les colonies des Pays-Bas.

Art. 3. — Les deux Hautes Parties contractantes se garantissent réciproquement le traitement de la nation étrangère la plus favorisée pour tout ce qui concerne le transit et l'exportation.

Art. 4. — Toute réduction de tarif, toute faveur, toute immunité que l'une des Hautes Parties contractantes accordera aux sujets, au commerce, aux produits du sol ou de l'industrie d'une tierce Puissance, sera immédiatement et sans condition, étendue à l'autre de ces Hautes Parties. Aucune des Hautes Parties contractantes ne soumettra l'autre à une prohibition ou à une charge légale sous un de ces rapports qui ne soit appliquée en même temps à toutes les autres nations.

Art. 5. — Le présent Traité restera en vigueur pendant dix années, à partir du jour qui sera fixé dans le procès-verbal d'échange des ratifications. Dans le cas où ni l'une ni l'autre des Hautes Parties contractantes n'aurait notifié, douze mois avant la fin de ladite période, son intention d'en faire cesser les effets, le Traité demeurera en vigueur jusqu'à l'expiration d'une année, à partir du jour où l'une ou l'autre des Hautes Parties contractantes l'aura dénoncé.

Le présent Traité sera ratifié et les ratifications en seront échangées à Berne aussitôt que faire se pourra.

Protocole additionnel

(Du 24 avril 1877).

Pour écarter tout doute sur la portée de l'art. 1er du traité d'amitié, de commerce et d'établissement entre la Confédération suisse et Sa Majesté le Roi des Pays-Bas, conclu et signé à Berne le 19 août 1875, les plénipotentiaires des deux Puissances, à cela dûment autorisés par leurs Gouvernements, sont convenus du Protocole additionnel qui suit :

Il est entendu que la stipulation de l'art. 1er, tout en assurant aux ressortissants respectifs des deux Hautes Parties contractantes l'assimilation complète aux nationaux, même pour tout ce qui regarde le séjour et l'établissement, ne déroge pas cependant, tant en Suisse que dans le Royaume des Pays-Bas et ses colonies, au droit d'exiger que tout sujet ou citoyen de l'un des deux Etats, qui voudra être admis à séjourner ou à s'établir dans l'autre, soit porteur d'un passeport ou d'un autre certificat authentique de nationalité ; ni au droit de renvoyer des territoires respectifs les personnes qui manqueraient de moyens de subsistance ou qui tomberaient à la charge de la bienfaisance publique ; ni au droit d'expulser ou d'interner les individus qui compromettraient la tranquillité et l'ordre publics ou la sûreté intérieure ou extérieure de l'Etat ; ni à la faculté d'extrader les malfaiteurs qui ne sont pas ressortisssants du pays même.

Le présent Protocole additionnel aura la même force et valeur que s'il était textuellement inséré dans le Traité signé le 19 août 1875.

PERSE

TRAITÉ D'AMITIÉ ET DE COMMERCE

(Du 23 juillet 1873).

Ratifié par la Suisse le 31 janvier 1874.
» par la Perse au mois Djemadi-al-Sani de l'année 1291 de l'Hégire.

Article premier. — A dater de ce jour, il y aura amitié sincère et constante, bonne intelligence entre la Confédération suisse et tous les citoyens suisses, d'une part, et l'Empire de Perse et tous les sujets persans, d'autre part.

Art. 2. — Les Ambassadeurs, Ministres plénipotentiaires et autres Agents diplomatiques qu'il plairait à chacune des deux Hautes Parties contractantes d'envoyer et d'entretenir auprès de l'autre, seront reçus et traités dans les deux pays respectifs, eux et tout le personnel de leur mission, comme sont reçus et traités dans les deux pays respectifs, les Ambassadeurs, Ministres plénipotentiaires et autres Agents diplomatiques des nations les plus favorisées, et ils y jouiront de tout point des mêmes prérogatives et immunités.

Art. 3. — Les citoyens ou les sujets des deux Hautes Parties contractantes, voyageurs, négociants, industriels et autres, soit qu'ils se déplacent, soit qu'ils résident sur le territoire de l'un ou de l'autre État, seront respectés et efficacement protégés par les Autorités du pays et leurs propres agents, et traités à tous égards comme le sont les citoyens ou les sujets de la nation la plus favorisée.

Ils pourront réciproquement importer dans l'un et dans l'autre Etat, et en exporter toute espèce de marchandises et de produits, les vendre, les échanger, les acheter, les transporter en tous lieux sur le territoire de l'un et de l'autre Etat.

Mais il est bien entendu que les citoyens et sujets de l'un et de l'autre Etat qui se livreraient au commerce intérieur, seront soumis aux lois du pays où ils feront le commerce.

Art. 4. — Les marchandises importées ou exportées par les citoyens et sujets respectifs des deux Hautes Parties contractantes ne paieront, dans l'un et l'autre Etat, soit à l'entrée, soit à la sortie, que les mêmes droits que paient, à l'entrée et à la sortie dans l'un et l'autre Etat, les marchandises et produits importés et exportés par les marchands et sujets de la nation la plus favorisée, et nulle taxe exceptionnelle ne pourra, sous aucun nom et sous aucun prétexte, être réclamée dans l'un comme dans l'autre Etat.

Art. 5. — Les procès, contestations et disputes qui, dans l'Empire de Perse, viendraient à s'élever entre citoyens suisses, seront référés, en totalité, à l'arrêt et à la décision de l'Agent ou Consul suisse qui résidera dans la province où ces procès, contestations et disputes auraient été soulevés, ou dans la province la plus voisine. Il en décidera d'après les lois suisses.

Les procès, contestations et disputes soulevés en Perse entre des citoyens suisses et des sujets persans, seront portés devant le tribunal persan, juge ordinaire de ces matières, au lieu où résidera un Agent ou un Consul suisse, et discutés et jugés selon l'équité, en présence d'un employé de l'Agent ou du Consul suisse.

Les procès, contestations et disputes soulevés en Perse entre des citoyens suisses et des sujets appartenant à d'autres Puissances également étrangères, seront jugés et terminés par l'intermédiaire de leurs Agents ou Consuls respectifs.

En Suisse, les sujets persans seront également,

dans toutes leurs contestations, soit entre eux, soit avec des Suisses ou des étrangers, jugés suivant le mode adopté en Suisse envers les sujets de la nation la plus favorisée.

Quant aux affaires de la juridiction criminelle dans lesquelles seraient compromis des citoyens suisses en Perse, des sujets persans en Suisse, elles seront jugées en Suisse et en Perse, suivant le mode adopté dans les deux pays envers les sujets de la nation la plus favorisée.

Art. 6. — En cas de décès de l'un de leurs citoyens ou sujets respectifs sur le territoire de l'un ou de l'autre Etat, sa succession sera remise intégralement à la famille ou aux associés du défunt s'il en a. Si le défunt n'avait ni parents ni associés, sa succession, dans l'un comme dans l'autre pays, sera remise à la garde de l'Agent ou du Consul de la nation du citoyen ou du sujet décédé, pour que celui-ci en fasse l'usage convenable, conformément aux lois et coutumes de son pays.

Art. 7. — Pour la protection de leurs citoyens ou sujets et de leur commerce respectifs, et pour faciliter de bonnes et équitables relations entre les citoyens et sujets des deux Etats, les deux Hautes Parties contractantes se réservent la faculté de nommer chacune trois Consuls.

Les Consuls de Suisse auront leur résidence à Téhéran, à Bender-Bouchir et à Tauris. Le Gouvernement persan pourra choisir les résidences de ses Consuls en Suisse.

Les Consuls des deux Hautes Parties contractantes jouiront réciproquement, sur le territoire de l'un ou de l'autre Etat où sera établie leur résidence, du respect, des privilèges et des immunités accordés dans l'un et l'autre Etat aux Consuls de la nation la plus favorisée.

Les Agents diplomatiques et les Consuls suisses ne protégeront ni publiquement ni secrètement les sujets persans.

Les Agents diplomatiques et les Consuls persans ne

protégeront ni publiquement ni secrètement les citoyens suisses.

Les Consuls des deux Gouvernements contractants, qui dans l'un et l'autre Etat, se livreraient au commerce, seront soumis, en ce qui concerne leur négoce, aux mêmes lois et aux mêmes usages auxquels sont soumis leurs nationaux faisant le même commerce.

Art. 8. — Le présent Traité d'amitié et de commerce, cimenté par la sincère amitié et la confiance qui règnent entre les deux Etats, sera, Dieu aidant, fidèlement observé et maintenu de part et d'autre pendant douze ans, à dater du jour où les ratifications seront échangées. Mais si, une année avant l'expiration du terme fixé, aucune des deux Hautes Parties contractantes n'a annoncé officiellement à l'autre l'intention d'en faire cesser les effets, il demeurera obligatoire jusqu'à l'expiration d'une année à partir du jour où l'une ou l'autre des Hautes Parties contractantes l'aura dénoncé, quelle que soit l'époque à laquelle cette déclaration aura lieu.

Art. 9. — Le présent Traité sera ratifié et les ratifications en seront échangées à Paris dans un an ou plus tôt si faire se peut.

ROUMANIE

TRAITÉ CONSULAIRE

(Du 14 février 1880).

Ratifié par la Suisse le 28 juin 1880.
» par la Roumanie le 10/22 janvier 1881.

ARTICLE PREMIER. — Chacune des Hautes Parties contractantes aura la faculté d'établir un Consul général, des Consuls et vice-Consuls, dans les villes, ports et localités du territoire de l'autre Partie.

Lesdits Agents seront réciproquement admis et reconnus en présentant leurs provisions selon les règles et formalités établies dans les pays respectifs. L'exequatur nécessaire pour le libre exercice de leurs fonctions leur sera délivré sans frais et, sur la production dudit exequatur, l'autorité supérieure du lieu de leur résidence prendra immédiatement les mesures nécessaires pour qu'ils puissent s'acquitter des devoirs de leur charge et qu'ils soient admis à la jouissance des exemptions, prérogatives, immunités, honneurs et privilèges qui y sont attachés.

Les deux Hautes Parties contractantes se réservent toutefois le droit de déterminer les résidences où il ne leur conviendra point d'admettre des fonctionnaires consulaires, mais il est bien entendu que, sous ce rapport, les deux Gouvernements ne s'opposeront respectivement aucune restriction qui ne soit commune, dans leur pays, à toutes les autres nations.

Le Gouvernement qui a accordé l'exequatur aura la faculté de le retirer, en indiquant les motifs pour lesquels il juge convenable de le faire.

Art. 2. — Dans le cas où un fonctionnaire consulaire exercerait un commerce ou une industrie, il sera tenu de se soumettre, en ce qui concerne son commerce ou son industrie, aux mêmes lois et usages que ceux auquels sont soumis, dans le même lieu, en ce qui concerne leur commerce ou leur industrie, les ressortissants et, le cas échéant, les Consuls marchands de la nation la plus favorisée.

Il est, en outre, entendu que, lorsqu'une des Hautes Parties contractantes choisira pour son Consul général, Consul ou vice-Consul, dans une ville, port ou localité de l'autre Partie, un ressortissant de celle-ci, ledit fonctionnaire consulaire continuera à être considéré comme ressortissant à l'Etat auquel il appartient, et qu'il sera, par conséquent, soumis aux lois et règlements qui régissent les nationaux dans le lieu de sa résidence, sans que, cependant, cette obligation puisse gêner, en quoi que ce soit, l'exercice de ses fonctions ni porter atteinte à l'inviolabilité des archives consulaires.

Art. 3. — Le Consul général et les Consuls et vice-Consuls de la Confédération suisse en Roumanie, et, réciproquement, le Consul général et les Consuls et vice-Consuls de Roumanie en Suisse, pourront placer au-dessus de la porte extérieure du Consulat général, Consulat ou vice-Consulat, l'écusson des armes de leur nation avec l'inscription : Consul général, Consulat ou vice-Consulat de.....

Ils pourront également arborer le pavillon de leur pays sur la maison consulaire aux jours de solennités publiques, ainsi que dans d'autres circonstances d'usage.

Il est bien entendu que ces marques extérieures ne pourront jamais être interprétées comme constituant un droit d'asile, mais qu'elles serviront, avant tout, à désigner aux nationaux l'habitation consulaire.

Art. 4. — Les fonctionnaires consulaires non ressortissants au pays dans lequel ils résident ne pourront être sommés de comparaître comme témoins devant les tribunaux.

Quand la justice locale aura besoin de recueillir auprès d'eux quelque déclaration juridique, elle devra se transporter à leur domicile pour la recevoir de vive voix, ou déléguer, à cet effet, un fonctionnaire compétent, ou la leur demander par écrit.

Art. 5. — Les archives consulaires seront inviolables et les autorités locales ne pourront, sous aucun prétexte et dans aucun cas, visiter ni saisir les papiers qui en feront partie.

Ces papiers devront toujours être complètement séparés des livres et papiers relatifs au commerce ou à l'industrie que pourraient exercer le Consul général, les Consuls ou les vice-Consuls respectifs.

Art. 6. — Lorsqu'un fonctionnaire consulaire viendra à décéder sans laisser sur les lieux de remplaçant désigné, l'autorité locale procèdera immédiatement à l'apposition des scellés sur les archives en présence d'un Agent consulaire d'une nation amie et de deux ressortissants du pays du Consul défunt ou, à défaut de ces derniers, de deux notables de l'endroit.

Le procès-verbal de cette opération sera dressé en double expédition, et l'un des deux exemplaires sera transmis au Consul général de la nation du défunt ou, à défaut du Consul général, au fonctionnaire consulaire le plus proche.

La levée des scellés aura lieu, pour la remise des archives au nouveau fonctionnaire consulaire, en présence de l'autorité locale et des personnes qui, ayant assisté à l'apposition desdits scellés, habiteront encore la localité.

Art. 7. — Les fonctionnaires consulaires des deux pays auront le droit de recevoir, dans leurs chancelleries et au domicile des Parties intéressées, toutes déclarations et autres actes du ressort de la juridiction volontaire que pourront avoir à faire les négociants et autres ressortissants de leur Etat.

Ils seront également autorisés à recevoir, en qualité de notaires, les dispositions testamentaires de leurs nationaux.

Ils auront, en outre, le droit de passer, en la même qualité, dans leurs chancelleries, tous actes conventionnels entre leurs nationaux ou entre leurs nationaux et d'autres personnes du pays dans lequel ils résident et, de même, tous actes conventionnels concernant des ressortissants de ce dernier pays seulement, pourvu, bien entendu, que ces actes aient rapport à des biens situés ou à des affaires à traiter sur le territoire de la nation que représente le fonctionnaire consulaire devant lequel ils seront passés.

Les copies ou extraits de ces actes, dûment légalisés par lesdits fonctionnaires et scellés du sceau consulaire, feront foi tant en justice que hors, soit en Suisse soit en Roumanie, au même titre que les originaux, et auront la même force et valeur que s'ils avaient été passés devant un notaire ou un autre officier public de l'un ou de l'autre pays, pourvu que ces actes aient été rédigés dans les formes requises par les lois de l'Etat auquel appartiennent les fonctionnaires consulaires et qu'ils aient été ensuite soumis au timbre et à l'enregistrement, ainsi qu'à toutes les autres formalités qui régissent la matière dans le pays où l'acte devra recevoir son exécution.

Les fonctionnaires consulaires respectifs pourront traduire et légaliser toute espèce de documents émanés des autorités ou fonctionnaires de leur pays, et ces traductions auront, dans le pays de leur résidence, la même force et valeur que si elles eussent été faites par des interprètes assermentés.

Art. 8. — Lorsqu'un Roumain viendra à mourir en Suisse, ne laissant ni héritiers connus ni exécuteurs testamentaires, les Autorités suisses en donneront avis au fonctionnaire consulaire roumain dans l'arrondissement duquel le décès aura eu lieu, afin qu'il transmette aux intéressés les informations nécessaires.

Le même avis sera donné par les autorités compétentes roumaines aux fonctionnaires consulaires suisses, lorsqu'un Suisse viendra à mourir en Roumanie sans laisser d'héritiers connus ni d'exécuteurs testamentaires.

Les autorités compétentes du lieu du décès sont tenues de prendre, à l'égard des biens mobiliers ou immobiliers du défunt, toutes les mesures conservatoires que la législation du pays prescrit pour les successions des nationaux.

Art. 9. — Les fonctionnaires consulaires suisses en Roumanie et les fonctionnaires consulaires roumains en Suisse, jouiront, à charge de réciprocité, de tous les pouvoirs, attributions, prérogatives, exemptions et immunités dont jouissent ou jouiront, à l'avenir, les fonctionnaires consulaires du même grade de la nation la plus favorisée.

Art. 10. — En cas d'empêchement, d'absence ou de décès du Consul général, des Consuls ou vice-Consuls, les Chanceliers ou Secrétaires qui auront été présentés antérieurement en leur dite qualité aux autorités respectives, seront admis, de plein droit, à exercer par intérim les fonctions consulaires, et ils jouiront, pendant ce temps, des exemptions et privilèges qui y sont attachés par le présent Traité.

Art. 11. — Le Consul général, les Consuls et les vice-Consuls des deux pays pourront, dans l'exercice des pouvoirs qui leur sont attribués, s'adresser aux autorités de leurs circonscriptions pour réclamer contre toute infraction aux traités ou aux conventions existant entre les deux pays et contre tout abus dont leurs nationaux auraient à se plaindre.

A défaut d'un Agent diplomatique de leur pays, ils pourront même avoir recours au Gouvernement de l'Etat dans lequel ils résident.

Art. 12. — Le présent Traité sera ratifié et les ratifications en seront échangées, à Vienne, dans un délai de huit mois ou plus tôt si faire se peut.

Il restera en vigueur pendant dix années à partir du jour de l'échange des ratifications. Dans le cas où ni l'une ni l'autre des Hautes Parties contractantes

7

n'aurait notifié, douze mois avant la fin de ladite période de dix années, son intention d'en faire cesser les effets, le présent Traité demeurera obligatoire jusqu'à l'expiration d'une année à partir du jour où l'une ou l'autre des deux Hautes Parties contractantes l'aura dénoncé.

RUSSIE

CONVENTION D'ÉTABLISSEMENT ET DE COMMERCE

(Du 26/14 décembre 1872).

Ratifiée par la Suisse le 1er août 1873.
» par la Russie le 11 août 1873.

Article premier. — Il y aura entre la Confédération suisse et l'Empire de Russie liberté réciproque d'établissement et de commerce. Les citoyens suisses seront admis à résider sur le territoire de l'Empire de Russie aux mêmes conditions et sur le même pied que les sujets russes ; de même, les sujets de Sa Majesté l'Empereur de toutes les Russies seront admis à résider dans chaque canton suisse aux mêmes conditions et sur le même pied que les citoyens des autres cantons suisses.

En conséquence et pourvu qu'ils se conforment aux lois du pays, les citoyens et les sujets de chacune des deux Parties contractantes seront, ainsi que leurs familles, libres d'entrer, de s'établir, de résider et de séjourner dans chaque partie du territoire de l'autre. Ils pourront prendre en loyer ou occuper des maisons et des magasins pour le but de résidence et de commerce, exercer, conformément aux lois du pays, toute profession et industrie, ou faire commerce d'articles permis par la loi, en gros ou en détail, par eux-mêmes ou par des courtiers et des agents qu'ils jugeront convenables d'employer, pourvu que ces courtiers ou agents remplissent aussi, quant à leur personne, les conditions nécessaires pour être admis à résider dans le pays. En ce qui concerne le domicile, l'établissement, les passeports, les permis de séjourner, de s'établir ou de faire commerce, ainsi qu'en ce qui concerne l'autorisation d'exercer leur profession, de faire des affaires ou d'exercer une industrie, ils ne seront assujettis à aucune taxe, charge ou condition plus fortes ou plus onéreuses que celles auxquelles sont ou pourront être soumis les citoyens ou les sujets du pays dans lequel ils résident et ils jouiront à tous ces égards de tout droit, privilège ou exemptions accordés aux citoyens ou sujets du pays ou aux citoyens et sujets de la nation la plus favorisée.

Il est entendu toutefois que les stipulations qui précèdent ne dérogent en rien aux lois, ordonnances et règlements spéciaux en matière de commerce, d'industrie et de police en vigueur dans chacun des deux pays et applicables à tous les étrangers en général.

Art. 2. — Les citoyens ou les sujets d'une des deux Parties contractantes, résidant ou établis sur le territoire de l'autre, qui voudront retourner dans leur pays ou qui y seront renvoyés par sentence judiciaire ou mesure de police légalement adoptée et exécutée, ou d'après les lois sur la mendicité et les mœurs, seront reçus en tout temps et en toute circonstance, eux et leurs familles, dans le pays dont ils sont originaires et où ils auront conservé leurs droits, conformément aux lois.

Art. 3. — Les citoyens et les sujets des deux Hautes Parties contractantes auront, sur le territoire de l'autre partie, libre accès dans les tribunaux pour défendre ou poursuivre leurs droits. Ils jouiront sous ce rapport des mêmes droits et privilèges que les sujets ou les citoyens du pays et seront comme ceux-ci libres de se servir, en toute cause, de leurs avocats, fondés de pouvoirs ou agents, pris parmi les personnes que les lois du pays autorisent à exercer cette espèce de profession.

Art. 4. — Les citoyens et les sujets de chacune des deux Parties contractantes auront, sur le territoire de l'autre, pleine liberté d'acquérir, de posséder et d'aliéner toute espèce de propriété que les lois du pays permettent aux étrangers, de quelque nation que ce soit, d'acquérir et de posséder. Ils pourront en faire l'acquisition et en disposer soit par achat, vente, donation, échange, mariage, testament, succession *ab intestat*, soit de toute autre manière sous les mêmes conditions que les lois du pays établissent pour tous les étrangers.

Leurs héritiers et ayants-cause pourront hériter et prendre possession d'une telle propriété soit en personne, soit par des agents agissant en leur nom, de la même manière et dans les mêmes formes légales que les citoyens ou les sujets du pays. En l'absence d'héritiers et d'ayants-cause, il sera procédé à l'égard de la propriété de la même manière qu'à l'égard d'une propriété semblable appartenant à un sujet ou citoyen du pays et se trouvant dans les mêmes conditions.

Dans aucun des cas précités il ne sera payé à raison de la valeur de la propriété aucun impôt. contribution ou charge autres ou plus onéreux que ceux auxquels sont soumis les citoyens ou sujets du pays.

Aucun impôt de succession ne sera exigé en Suisse d'un sujet russe y résidant, sans y être légalement domicilié, et dans l'Empire de Russie d'un citoyen suisse y résidant dans les mêmes conditions, sur des valeurs acquises par droit d'héritage et se trouvant dans son pays natal.

Dans tous les cas, il sera permis aux citoyens et aux sujets des deux Parties contractantes d'exporter leurs biens, savoir les sujets russes du territoire suisse et les citoyens suisses du territoire russe, librement et sans être assujettis, lors de l'exportation, à payer un droit quelconque en qualité d'étrangers et sans devoir acquitter des droits autres ou plus forts que ceux auxquels les sujets ou citoyens du pays seront eux-mêmes tenus.

ART. 5. — Les citoyens ou sujets de chacune des deux Parties contractantes qui se trouvent sur le territoire de l'autre, seront affranchis de tout service militaire obligatoire, tant dans l'armée et la flotte, que dans la garde nationale ou les milices (opoltschenia) ; ils seront également exempts de toute prestation pécuniaire ou matérielle imposée par compensation pour le service personnel, tout comme des réquisitions militaires. Seront toutefois exceptés les logements des troupes et les fournitures pour les militaires en passage, selon l'usage du pays et à demander également aux citoyens et aux étrangers, ainsi que les charges qui sont attachées à la possession d'un bien-fonds ou d'un bail et les prestations et les réquisitions militaires, auxquelles tous les sujets du pays peuvent être appelés à concourir comme propriétaires fonciers ou comme fermiers.

ART. 6. — En temps de paix comme en temps de guerre, il ne pourra en aucune circonstance être imposé ou exigé pour les biens d'un citoyen ou d'un sujet de l'une des deux Parties contractantes sur le territoire de l'autre, des taxes, droits, contributions ou charges plus forts qu'il n'en serait imposé ou exigé pour la même propriété, si elle appartenait à un citoyen ou sujet de la nation la plus favorisée.

Il est d'ailleurs entendu qu'aucun impôt ni taxe quel que ce soit, ne sera perçu ni demandé d'un citoyen ou sujet de l'une des deux Parties contractantes qui se trouve sur le territoire de l'autre Partie, qui soit autre ou plus fort que ceux qui sont ou qui pourront être imposés ou levés d'un citoyen ou sujet de la nation la plus favorisée.

ART. 7. — En tout ce qui concerne le commerce, l'établissement et l'exercice des professions industrielles, les deux Hautes Parties contractantes se promettent réciproquement de n'accorder aucun privilège, faveur ou immunité à un autre Etat qu'il ne soit aussi et à l'instant étendu à leurs sujets et citoyens respectifs, gratuitement, si la concession en faveur de l'autre Etat est gratuite, et moyennant la même compensation ou un équivalent fixé d'un commun accord, si la concession a été conditionnelle.

Art. 8. — Il sera libre à chacune des Hautes Parties contractantes d'établir des Consuls généraux, Consuls, vice-Consuls et Agents consulaires dans les villes et ports des Etats et possessions de l'autre. Lesdits Agents seront réciproquement admis et reconnus en présentant leurs patentes selon les règles et formalités établies dans les pays respectifs. Après avoir reçu l'exequatur de la part du Gouvernement auprès duquel ces Agents sont délégués, l'autorité supérieure du lieu de leur résidence prendra immédiatement les mesures nécessaires pour qu'ils puissent s'acquitter des devoirs de leur charge et qu'ils soient admis à la jouissance des prérogatives qui y sont attachées.

Toutefois, chacune des deux Hautes Parties contractantes conservera le droit de déterminer les résidences où il ne lui conviendra pas d'admettre des Consuls; bien entendu que sous ce rapport les deux Gouvernements ne s'opposeront respectivement aucune restriction qui ne soit commune dans leur pays à toutes les nations, même les plus favorisées.

Dans le cas où quelques-uns de ces Agents voudraient exercer le commerce, ils seront tenus de se soumettre aux mêmes lois et usages que ceux auxquels sont soumis dans le même lieu, par rapport à leurs transactions commerciales, les particuliers de leur nation et les sujets des Etats les plus favorisés.

Art. 9. — Il est spécialement entendu que, lorsqu'une des deux Hautes Parties contractantes choisira pour son Consul ou Agent consulaire dans un port ou dans une ville de l'autre partie, un sujet ou un citoyen de celle-ci, ce Consul ou Agent continuera à être considéré comme sujet ou citoyen de la nation à laquelle il appartient et qu'il sera par conséquent soumis aux lois et règlements qui régissent les nationaux dans le lieu de sa résidence, sans que cependant cette obligation puisse gêner en rien l'exercice de ses fonctions ni porter atteinte à l'inviolabilité des archives consulaires.

Art. 10. — Les fonctionnaires consulaires russes en Suisse et les fonctionnaires consulaires suisses en Russie jouiront, à charge de réciprocité, de tous les privilèges, pouvoirs, exemptions et immunités dont jouissent ou viendraient à jouir les fonctionnaires consulaires de même grade de la nation la plus favorisée.

Ils pourront placer au-dessus de la porte extérieure du Consul général, Consulat ou vice-Consulat l'écusson des armes de leur nation avec l'inscription : Consulat général, Consulat ou vice-Consulat de...

Il est bien entendu que ces marques extérieures ne pourront jamais être interprétées comme constituant un droit d'asile, mais servant avant tout à désigner aux nationaux l'habitation consulaire.

Art. 11. — Les archives consulaires seront inviolables et les autorités locales ne pourront, sous aucun prétexte, ni dans aucun cas, visiter ni saisir les papiers qui en font partie.

Ces papiers devront toujours être complètement séparés des livres ou papiers relatifs au commerce ou à l'industrie que pourraient exercer les Consuls généraux, Consuls et vice-Consuls.

Art. 12. — La présente Convention restera en vigueur pendant dix années, à partir du jour de l'échange des ratifications.

Dans le cas où aucune des deux Hautes Parties contractantes n'aurait notifié, douze mois avant la fin de ladite période de dix années, son intention d'en faire cesser les effets, la présente Convention demeurera obligatoire jusqu'à l'expiration d'une année à partir du jour où l'une ou l'autre des Hautes Parties contractantes l'aura dénoncée.

La présente Convention sera ratifiée et les ratifications en seront échangées à Berne aussitôt que faire se pourra.

SALVADOR

(Amérique Centrale).

TRAITÉ

D'AMITIÉ, D'ÉTABLISSEMENT ET DE COMMERCE

(Du 30 octobre 1883).

Ratifié par le Conseil national suisse le 15 mars 1884.
» Conseil des Etats » le 20 » »

Article premier. — Il y aura, entre la Suisse et la république du Salvador, paix perpétuelle et liberté réciproque d'établissement et de commerce.

Les ressortissants de chacun des deux Etats seront reçus et traités dans l'autre, pour leurs personnes et leurs propriétés, de la même manière que le sont ou pourront l'être à l'avenir les nationaux eux-mêmes. Les citoyens de chacun des deux Etats contractants pourront librement, sur les territoires respectifs et en se conformant aux lois du pays, voyager ou séjourner, commercer tant en gros qu'en détail, exercer toute profession ou industrie, louer ou occuper les maisons, magasins, boutiques et établissements qui leur seront nécessaires, effectuer des transports de marchandises et d'argent, recevoir des consignations tant de l'intérieur que des pays étrangers, sans que, pour toutes ou quelques-unes de ces opérations, lesdits citoyens soient assujettis à d'autres obligations que celles qui pèsent sur les nationaux. Sont réservées, toutefois, les précautions de police, dans la mesure où elles sont pratiquées vis-à-vis des ressortissants des nations les plus favorisées.

Les ressortissants de chacun des deux Etats jouiront de cette liberté, soit qu'ils fassent leurs affaires eux-mêmes et présentent en douane leurs propres déclarations, soit qu'ils se fassent suppléer par des tiers, fondés de pouvoirs, facteurs, agents, consignataires ou interprètes, dans l'achat ou dans la vente de leurs biens, de leurs effets ou de marchandises; ils auront également le droit de remplir toutes les fonctions qui leur seront confiées par leurs propres compatriotes, par des étrangers ou par des nationaux, en qualité de fondés de pouvoirs, facteurs, agents, consignataires ou interprètes.

Enfin, ils ne paieront point, à raison de leur commerce ou de leur industrie, dans les villes ou lieux quelconques des deux Etats, soit qu'ils s'y établissent, soit qu'ils y résident temporairement, des droits, taxes ou impôts sous quelque dénomination que ce soit, autres ou plus élevés que ceux qui se percevront sur les nationaux ou sur les citoyens de la nation la plus favorisée, et les privilèges, immunités et autres faveurs quelconques dont jouissent, en matière de commerce et d'industrie, les citoyens de l'un des deux Etats contractants, seront commun à ceux de l'autre.

Art. 2. — Les citoyens d'une des deux parties contractantes, résidant ou établis dans les territoires de l'autre, qui voudront retourner dans leur pays ou qui y seront renvoyés par sentence judiciaire, par mesure de police légalement adoptée et exécutée, ou d'après les lois sur la mendicité et les mœurs, seront reçus en tout temps et en toute circonstance, eux et leurs familles, dans le pays dont ils sont originaires.

Art. 3. — Les citoyens de chacune des deux parties contractantes jouiront, sur le territoire de l'autre partie, de la plus constante et complète protection pour leurs personnes et leurs propriétés. Ils auront, en conséquence, un libre et facile accès auprès des tribunaux de justice pour la poursuite et la défense de leurs droits, en toute instance et dans tous les degrés de juridiction établis par les lois. Ils seront libres d'employer, dans toutes les circonstances, les avocats, avoués ou agents de toute classe qu'ils jugeraient à propos de faire agir en leur nom, choisis parmi les personnes admises à l'exercice de ces professions d'après les lois du pays. Enfin, ils jouiront sous ce rapport, des mêmes droits et privilèges que ceux qui sont accordés aux nationaux, et ils seront soumis aux mêmes conditions.

Les sociétés anonymes, commerciales, industrielles ou financières légalement autorisées dans l'un des deux pays, seront admises à ester en justice dans l'autre et jouiront, sous ce rapport, des mêmes droits que les particuliers.

Art. 4. — Les citoyens de chacune des deux parties contractantes auront, sur les territoires de l'autre, liberté pleine et entière d'acquérir, de posséder, par suite d'achat, vente, donation, échange, mariage, testament, succession *ab intestat*, ou de toute autre manière, toute espèce de propriété mobilière ou immobilière.

Leurs héritiers et représentants pourront leur succéder et prendre possession des successions par eux-mêmes ou par fondés de pouvoirs agissant en leur nom, d'après les formes ordinaires de la loi, comme les citoyens du pays.

En l'absence des héritiers ou des représentants, la propriété sera traitée de la même manière que celle d'un citoyen du pays serait traitée dans des circonstances semblables.

Dans tous ces cas, il ne sera exigé, de la valeur d'une telle propriété, aucun impôt, contribution ou charge autre ou plus fort que ceux auxquels sont soumis les citoyens du pays.

Dans toutes circonstances, il sera permis aux citoyens des deux pays contractants d'exporter leurs biens, savoir : les citoyens suisses du territoire du Salvador, et les citoyens du Salvador du territoire suisse, librement et sans être assujettis, lors de l'exportation, à payer un droit quelconque en qualité d'étrangers, et sans devoir acquitter des droits autres ou plus forts que ceux auxquels les citoyens du pays seront eux-mêmes tenus.

Art. 5. — Les citoyens de chacune des deux parties contractantes qui se trouvent dans les territoires de l'autre, seront affranchis de tout service militaire obligatoire, tant dans l'armée et la flotte que dans la garde nationale ou civique ou les milices ; ils seront également exempts de toute prestation pécuniaire ou matérielle imposée par compensation pour le service personnel, tout comme des réquisitions militaires, contributions de guerre extraordinaires et emprunts forcés, à l'exception toutefois de ce qui concerne les logements et les fournitures pour le militaire en passage, charges auxquelles les ressortissants de l'autre Etat pourront être tenus, selon l'usage du pays, de la même manière que les nationaux ou ressortissants de la nation la plus favorisée.

Art. 6. — En temps de paix comme en temps de guerre, il ne pourra, dans aucune circonstance, être imposé ou exigé, pour les biens d'un citoyen de l'une des deux parties contractantes dans les territoires de l'autre, des taxes, droits, contributions ou charges plus forts qu'il n'en serait imposé ou exigé pour la même propriété si elle appartenait à un citoyen du pays ou à un ressortissant de la nation la plus favorisée.

Il est, d'ailleurs, entendu qu'il ne sera perçu ni demandé d'un citoyen de l'une des deux parties contractantes dans les territoires de l'autre partie, aucun impôt quelconque autre ou plus fort que ceux qui sont ou qui pourront être exigés des citoyens du pays ou des ressortissants de la nation la plus favorisée.

Art. 7. — Les ressortissants des deux Etats jouiront, sur le territoire de l'autre, d'une liberté de conscience et de croyance pleine et entière. Le gouvernement les protègera dans l'exercice de leur culte dans les églises, chapelles ou autres lieux affectés au service divin, pourvu qu'ils se conforment aux lois, us et coutumes du pays. Ce même principe sera également mis en pratique lors de l'inhumation des ressortissants de l'un des deux Etats, décédés sur le territoire de l'autre.

ART. 8. — Il sera loisible aux deux parties contractantes de nommer des Consuls, vices-Consuls ou Agents consulaires pour résider dans les territoires de l'autre. Mais, avant qu'un de ces officiers puisse entrer en fonctions, il devra être reconnu et admis dans la forme ordinaire, par le gouvernement auprès duquel il est délégué.

Les officiers consulaires de chacune des deux parties contractantes jouiront, sur le territoire de l'autre, de tous les privilèges, exemptions et immunités qui sont ou qui pourront être accordés aux officiers du même rang de la nation la plus favorisée.

Les archives consulaires et les chancelleries consulaires sont inviolables. Elles ne peuvent être visitées par qui que ce soit.

ART. 9. — Les deux Etats contractants s'engagent à traiter les citoyens de l'autre Etat, dans tout ce qui touche à l'importation, l'entrepôt, le transit et l'exportation de tout article d'un commerce légal, sur le même pied que les citoyens du pays ou que les ressortissants de la nation la plus favorisée.

ART. 10. — Aucune des deux parties contractantes ne pourra exiger, pour l'importation, l'entrepôt, le transit ou l'exportation des produits du sol ou des manufactures de l'autre Etat, des droits plus élevés que ceux qui sont ou pourraient être imposés sur les mêmes articles provenant de tout autre pays étranger.

ART. 11. — Les deux parties contractantes s'engagent, pour le cas où l'une d'elles accorderait dorénavant à une troisième puissance quelque faveur en matière de commerce ou de douane, à étendre en même temps et de plein droit cette faveur à l'autre partie contractante.

ART. 12. — Les objets passibles d'un droit d'entrée qui servent d'échantillons et qui sont importés dans le Salvador par des commis-voyageurs de maisons suisses, ou importés en Suisse par des commis-voyageurs de maisons du Salvador, seront, de part et d'autre, admis en franchise temporaire, moyennant les formalités de douane nécessaires pour en assurer la réexportation ou la réintégration en entrepôt.

ART. 13. — Dans le cas où un différend s'élèverait entre les deux pays contractants et ne pourrait être arrangé amicalement par correspondance diplomatique entre les deux Gouvernements, ces derniers conviennent de le soumettre au jugement d'un tribunal arbitral dont ils s'engagent à respecter et à exécuter loyalement la décision.

Le tribunal arbitral sera composé de trois membres. Chacun des deux Etats en désignera un, choisi en dehors de ses nationaux et des habitants du pays. Les deux arbitres nommeront le troisième. S'ils ne peuvent s'entendre pour ce choix, le troisième arbitre sera nommé par un Gouvernement désigné par les deux arbitres, ou, à défaut d'entente, par le sort.

ART. 14. — Les stipulations du présent traité seront exécutoires, dans les deux Etats, dès le centième jour après l'échange des ratifications. Le traité restera en vigueur pendant dix ans à dater du jour de l'échange des ratifications. Dans le cas où aucune des deux parties contractantes n'aurait notifié, douze mois avant la fin de ladite période, son intention d'en faire cesser les effets, le traité demeurera obligatoire jusqu'à l'expiration d'une année à partir du jour où l'une ou l'autre des parties contractantes l'aura dénoncé.

Les parties contractantes se réservent la faculté d'introduire d'un commun accord dans ce traité, toutes modifications qui ne seraient pas en opposition avec son esprit ou ses principes, et dont l'utilité serait démontrée par l'expérience.

Art. 15. — Ce traité sera soumis, de part et d'autre, à l'approbation et à la ratification des autorités compétentes respectives de chacune des deux parties contractantes ; les ratifications en seront échangées à Berne, dans douze mois à dater d'aujourd'hui, ou plus tôt si faire se peut.

TABLE DES MATIÈRES

Pages

Allemagne

Autriche-Hongrie

Belgique

Brésil

Danemark

Espagne

France

Grande-Bretagne

Iles Hawaïennes

Italie

Pages

Japon

Liechtenstein

Pays-Bas

Perse

Roumanie

Russie

Salvador

www.ingramcontent.com/pod-product-compliance
Ingram Content Group UK Ltd.
Pitfield, Milton Keynes, MK11 3LW, UK
UKHW021213220726
13924UKWH00003B/1496

9 782019 920999